Arbeitsheft

mit Lösungen

Zentrale Klausur 2018

Einführungsphase gymnasiale Oberstufe

Nordrhein-Westfalen

Texte, Themen und Strukturen

Deutschbuch für die Oberstufe

Herausgegeben von
Deborah Mohr und
Andrea Wagener

Erarbeitet von
Deborah Mohr und
Ingo Reiff

Cornelsen

Mit den im Heft abgedruckten Lösungen können Sie Ihre Ergebnisse selbst überprüfen.

Einführung: Wie Sie mit diesem Trainingsheft arbeiten können

Liebe Schülerin, lieber Schüler,

am 8. Juni 2018 zur ersten Unterrichtsstunde ist es so weit: Sie werden die zentrale Klausur Deutsch am Ende der Einführungsphase schreiben. Mit dem vorliegenden Trainingsheft können Sie sich zeitnah und zuverlässig vorbereiten. Dazu wiederholen, üben und vertiefen Sie alle den Vorgaben des Schulministeriums entsprechenden Lerninhalte und Kompetenzen, die Sie für eine erfolgreiche Teilnahme an der zentralen Klausur benötigen.

Was erwartet Sie in der Prüfung?

Vorgaben des Ministeriums für Schule und Bildung des Landes NRW
Bezug zu den Inhaltsfeldern, inhaltlichen Schwerpunkten und Aufgabenarten des Kernlehrplans:

Inhaltsfeld 1	Inhaltlicher Schwerpunkt	Aufgabenart
Sprache	Aspekte der Sprachentwicklung	IV: Materialgestütztes Verfassen eines Textes mit fachspezifischem Bezug

Weitere Informationen finden Sie unter:
https://www.standardsicherung.schulministerium.nrw.de/cms/zentrale-klausuren-s-ii/faecher/

Für die zentrale Klausur Deutsch gelten also folgende Rahmenbedingungen:
- Sie bekommen in der Prüfung **verschiedene Informationsquellen** (z. B. Sachtexte, grafische Darstellungen und Bildmaterial), die Sie auswerten. Auf dieser Grundlage scheiben Sie einen **informierenden Text,** der vor allem **erklärenden oder** vor allem **argumentativen Charakter** haben kann.
- Sie werden für die Bearbeitung der Klausur **100 Minuten** (1 Stunde und 40 Minuten) Zeit haben.

Tipp **Zeitmanagement** 🕐

100 Minuten sind nicht lang. Es ist daher wichtig, dass Sie beim Schreiben der Klausur strukturiert und zeitökonomisch vorgehen:
- Unterstreichen Sie **wesentliche Aspekte der Aufgabenstellung.** Auf dieser Grundlage **werten** Sie die **Informationsquellen gezielt aus** und machen sich klar, welches **Textformat,** welche **Adressaten** und welche **Handlungsziele** Sie beim Schreiben berücksichtigen müssen.
- Erstellen Sie einen **Schreibplan** (► S. 21 ff., 35) und eine **Checkliste** (► S. 25, 37) und haken Sie hier die Aspekte ab, die Sie bearbeitet haben.
- Versuchen Sie, für die einzelnen Arbeitsphasen in etwa folgende Zeiten einzuhalten: **30 Minuten:** Aufgabenstellung verstehen, Informationsquellen gezielt auswerten, markieren – **20 Minuten:** Erstellen eines Schreibplans – **40 Minuten:** Schreiben des eigenen Textes – **10 Minuten:** Überarbeitung und Korrektur.
- Schreiben Sie vorher eine **Übungsklausur** unter „Echtzeitbedingungen" (z. B. eine aus diesem Arbeitsheft). Prüfen Sie, warum Ihnen gegebenenfalls an einigen Stellen Zeit fehlt.

Wie Sie mit dem Trainingsheft arbeiten können

Grundlagenwissen: In Kapitel 1 informieren Sie sich über verschiedene Aspekte der Sprachentwicklung und vertiefen das erworbene Wissen in Übungen. Diese Inhalte bieten die Grundlage für die folgenden Kapitel.
Übungsklausuren mit Lösungshinweisen: In Kapitel 2 und 3 führen wir Sie Schritt für Schritt durch die Bearbeitung von zwei Klausuren. In verschiedenen Übungen trainieren Sie
- die Aufgabenstellung zu verstehen,
- Ihr Vorwissen zu aktivieren und ein erstes Textverständnis zu erarbeiten,
- die Materialien gezielt zu lesen und auszuwerten,
- einen Schreibplan zu erstellen und den eigenen Text zu verfassen sowie
- den eigenen Text zu überarbeiten.

Umschlagtexte: Hier können Sie sich in knapper Form über grundlegende Vorgehensweisen informieren, wie z. B. über die Schrittfolge bei der Bearbeitung der Aufgabenstellung oder das treffende Formulieren mit Hilfe von Ergänzungs- oder Ersatzproben.

Wir wünschen Ihnen viel Erfolg!

1 Grundlagen: Aspekte der Sprachentwicklung

1.1 Ebenen, Bedingungen und Theorien der Sprachentwicklung

Ebenen der Sprachentwicklung

Info **Ebenen der Sprachentwicklung**

Sprachentwicklung kann sich auf verschiedenen **Ebenen** vollziehen, z. B. auf der Ebene
- der **Syntax** (des Satzbaus),
- der **Lexik** (des Wortschatzes) oder
- der **Morphematik** (Flexion, also Deklination und Konjugation, oder Wortbildung).

1 Informieren Sie sich über die verschiedenen Ebenen der Sprachentwicklung (► Info). Notieren Sie hinter den folgenden Beispielen, auf welcher Ebene sich die Sprachentwicklung jeweils vollzieht.

	Beispiel	Ebene der Sprachentwicklung
a	Das Wort *brutal* bedeutet eigentlich so viel wie gewalttätig, wird aber heute v. a. in der Umgangssprache stattdessen häufig als Intensivierer eingesetzt, z. B. bedeutet *brutal schön* so viel wie *sehr schön*.	*Lexik*
b	Das Dativ-e gibt es heute nur noch in einigen Wendungen, z. B. *auf dem Land-e, im Jahr-e, in diesem Sinn-e*.	
c	Die Formen starker Verben sind rückläufig. So sagt man z. B. heute meist *saugte* und nicht *sog* oder *backte* und nicht *buk*.	
d	Der Gebrauch des Plural-s nimmt zu. So sagt man heute anstatt „die Kumpel" auch immer häufiger „die Kumpels".	
e	Manche Wörter werden durch andere Wörter, häufig durch Anglizismen, ersetzt. So spricht man heute in Firmen fast immer von einem *Meeting* anstatt von einem *Treffen* oder einer *Sitzung*.	
f	Mittlerweile leitet *weil* vor allem in der mündlichen Sprache häufig nicht mehr einen Nebensatz (z. B. *Ich bin froh, weil ich bald in Urlaub fahre*), sondern einen Hauptsatz ein (z. B. *Ich bin froh, weil bald fahre ich in Urlaub*).	
g	Der Genitiv wird immer seltener verwendet. So wird z. B. heute *die Reise von Merkel* statt *Merkels Reise* gesagt bzw. geschrieben.	
h	Aus zwei Wörtern werden, vor allem in der Werbung, häufig neue Wörter kreiert, z. B. *Frischekick*.	

2 Finden Sie zu ausgewählten Phänomenen (z. B. Dativ-e) eigene weitere Beispiele.

Arten und Bedingungen der Sprachentwicklung

Info **Arten und Bedingungen der Sprachentwicklung**

In der deutschen Gegenwartssprache lassen sich unterschiedliche **Arten der Sprachentwicklung** beobachten, die sich unter bestimmten Bedingungen vollziehen:

- Einige **Wörter verschwinden** aus dem Wortschatz, wohingegen andere **hinzukommen.** Das hat häufig mit dem Verschwinden bestimmter Phänomene oder Gegenstände aus dem Alltag (z. B. *Wählscheibe*) bzw. neuen Ereignissen oder Erfindungen (z. B. *Heizpilz*) zu tun. Außerdem möchten Sprecher zeitgemäß sprechen und ersetzen daher altmodisch erscheinende Begriffe durch moderne (z. B. *abhängen* statt *die Beine baumeln lassen*).
- Der Einfluss des Englischen hat zur Folge, dass es sich bei neuen Wörtern häufig um **Anglizismen** wie *online* oder *chillen* handelt.
- Auch durch das Bedürfnis, Sprache zu **vereinfachen,** kommt eine Sprachentwicklung zustande. So werden z. B. aus starken Verben schwache Verben, z. B. *fechten, focht, gefochten* zu *fechten, fechtete, gefechtet*.
- In den neuen Medien lässt sich eine typische **SMS- oder Chat-Sprache** beobachten, die sich u. a. durch Abkürzungen (z. B. *hdl* für *hab dich lieb*), abweichende Rechtschreibung (z. B. konsequente Groß- oder Kleinschreibung) und grafostilistische Mittel (z. B. ;-)) auszeichnet.
- Im Bereich der **Dialekte** lassen sich unterschiedliche Entwicklungen beobachten. So kommt es einerseits zur Förderung eines Dialekts, z. B. durch seine Einführung als Schulfach. Andererseits gleichen sich Mundarten durch den Einfluss der Medien, z. B. das Fernsehen, an. Eine Sonderform des Dialekts ist das sogenannte **Kiezdeutsch**, das aus dem Kontakt des Deutschen mit anderen Sprachen, z. B. dem Türkischen oder Arabischen, entsteht (z. B. *Ey, komm mal her, lan! Wallah – das hat er gesagt!*)
- Der öffentliche Meinungsdruck und die bewusstere Sprachverwendung bewirken eine vorsichtigere Begriffsnutzung bis hin zu sprachlichen Veränderungen, die man als **politisch korrekte** oder **diskriminierungsfreie Sprache** bezeichnet. Dabei werden Begriffe, die als diskriminierend empfunden werden, durch neutrale Begriffe ersetzt, z. B. *Krüppel* durch *Menschen mit Behinderung*, *Zigeuner* durch *Sinti und Roma*. Außerdem setzt sich allmählich eine geschlechtergerechte Sprache durch, in der die weibliche Form mit genannt oder eine geschlechtsneutrale Form verwendet wird, z. B. *Schülerinnen und Schüler* statt *Schüler*, *Lehrkräfte* statt *Lehrer*.

1 Verschaffen Sie sich einen Überblick über die Arten und Bedingungen der Sprachentwicklung (▸ Info).

a Markieren Sie in jedem Absatz die **Arten** und die **Bedingungen** in zwei verschiedenen Farben.

b Übertragen Sie die folgende Mindmap auf Konzeptpapier und ergänzen Sie sie. Notieren Sie auf der ersten Ebene die Bedingung, auf der zweiten Ebene die Art der Sprachentwicklung und auf der dritten Ebene ggf. Beispiele.

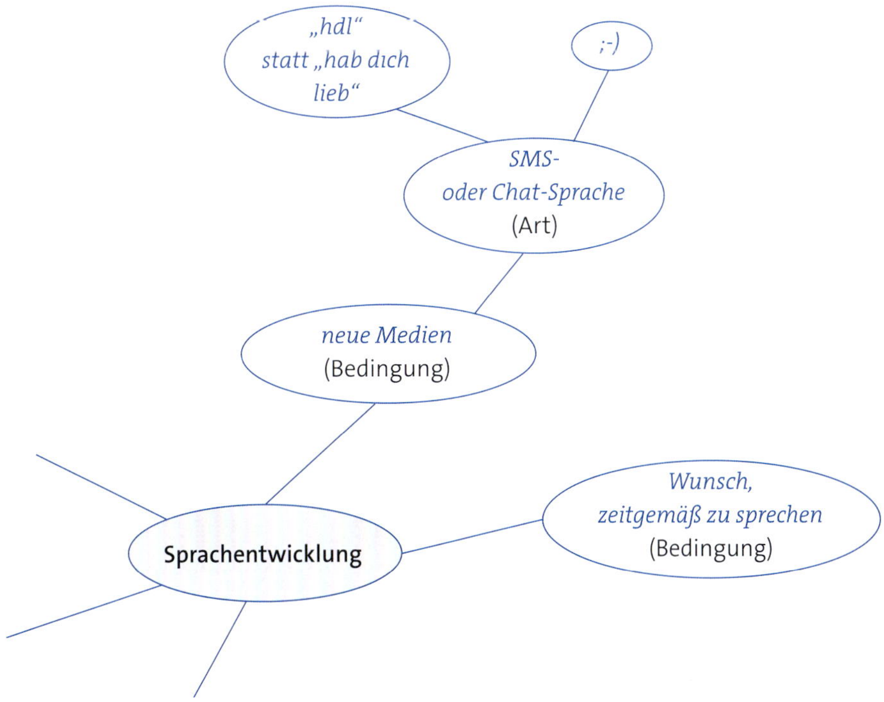

Duden-Neuauflage: „Willkommenskultur“ landet im Duden (2017)

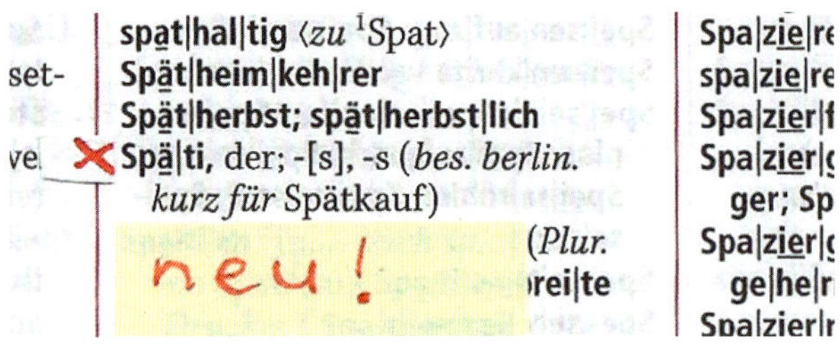

Alle drei bis fünf Jahre wird der Duden aktualisiert – am kommenden Mittwoch ist es wieder so weit, dann werden die Neuerungen der 27. Auflage vorgestellt. Die Duden-Redaktion hat das Nachschlagewerk um 5000 Wörter erweitert. Deutlich zeigt sich dabei die politische Debatte der vergangenen Jahre: mit Neuaufnahmen wie *Flüchtlingskrise, Willkommenskultur, Schmähgedicht, Fake News* und *postfaktisch*.

Viele der neu aufgenommenen Wörter haben einen englischen Ursprung wie etwa *Selfie, Emoji* oder *Tablet*. „Es ist einfach Fakt, dass viele Dinge in unser Leben treten, die aus dem englisch-amerikanischen Raum kommen, wenn man zum Beispiel an technische Entwicklungen denkt“, sagt Redaktionsleiterin Kathrin Kunkel-Razum. Auch die Mode hat einige dieser Begriffe zu bieten, beispielsweise *Hoodie, Undercut* oder *Jumpsuit*. [...]

Auch regionale Mundart ist künftig in dem Rechtschreibwerk zu finden: Die Redaktion hat etwa die in Berlin und Brandenburg gebräuchlichen Begriffe *Späti* (Abkürzung für Spätkauf) und *icke* (ich) mit aufgenommen. Welche Wörter in den Duden kommen, wird auf Grundlage einer elektronischen Textsammlung entschieden, in die Zeitungsartikel, Gebrauchsanweisungen und Romane eingespeist werden. Computerlinguisten filtern dann die neuen Begriffe seit der vorigen Ausgabe heraus, über deren Aufnahme die Duden-Redakteure entscheiden. Der Duden wächst seit Jahrzehnten. Er enthält nun 145000 Stichwörter, die Urfassung von 1880 hatte 27000. Weggefallen ist eine geringe Zahl eingedeutschter Schreibweisen, die sich nicht durchgesetzt haben. Statt *Majonäse* ist jetzt zum Beispiel nur noch *Mayonnaise* zulässig.

(aus: ZEIT ONLINE, 07.08.2017)

2 a Markieren Sie im Text Beispiele für in den Duden neu aufgenommene oder nicht mehr aufgenommene Wörter.
b Notieren Sie zu allen Beispielen jeweils die Art der Sprachentwicklung und die Bedingung (▸ Info, S. 5). Tragen Sie Ihre Ergebnisse in die folgende Tabelle ein.

Beispiel	Art der Sprachentwicklung	Bedingung
neu: Flüchtlingskrise, Willkommenskultur, Schmähgedicht, Fake News, postfaktisch	*neue Wörter, z. T. Anglizismen*	*politische Entwicklungen*

3 Beantworten Sie die folgenden Fragen jeweils mit Begründung.

a Auf welcher Ebene (► Info, S. 4) vollzieht sich die Sprachentwicklung bei den Beispielen, die der Text nennt? Und warum liegt der Fokus im Text auf dieser Ebene der Sprachentwicklung?

b Welche weitere Ebene der Sprachentwicklung wird im Duden regelmäßig berücksichtigt?

c Welche Ebene der Sprachentwicklung wird im Duden kaum berücksichtigt?

Info **Sprachwandel in der Kritik**

In öffentlicher Kritik und politischer Diskussion wird Sprachwandel traditionell kritisch betrachtet. Dabei sind gesellschaftliche oder politische Kräfte zu unterscheiden, die den Sprachwandel wahlweise als Ausdruck von Vitalität der Sprache oder als Verfallsphänomen betrachten. Je nachdem, welche der beiden Sichtweisen in den staatlichen Institutionen vorherrscht, wird Sprachwandel akzeptiert (so z. B. eher in Deutschland) oder zu verhindern versucht (so z. B. eher in Frankreich).

4 Begründen Sie die sich widersprechenden Thesen jeweils mit Argumenten und Beispielen von den Seiten 4 bis 6.

a Sprachwandel führt zum Verfall und zur Verarmung der deutschen Sprache.

b Durch Sprachwandel passt sich die deutsche Sprache an aktuelle Erfordernisse an.

Sprachwandeltheorien

Info **Das Wirken einer unsichtbaren Hand**

In der Sprachwissenschaft gibt es verschiedene **Theorien zum Sprachwandel.** Der Sprachwissenschaftler **Rudi Keller** geht davon aus, dass Sprachwandel weder ein reines Naturphänomen noch bewusst vom Menschen geplant und gemacht ist. Stattdessen erklärt er Sprachwandel als Ergebnis des **Wirkens einer unsichtbaren Hand.** Das bedeutet, dass Sprachwandel aus den individuellen Handlungen einzelner Menschen entsteht, die zusammen eine Struktur ergeben.
Seine Theorie erklärt er am Beispiel der **Trampelpfade:** Auf dem Rasen einer Universität gab es ursprünglich mehrere von Architekten geplante Pflasterwege. Weil viele einzelne Personen auf dem Weg zu den Universitätsgebäuden Abkürzungen über den Rasen nahmen, entstanden allmählich neben diesen Wegen Trampelpfade. Diese neuen Pfade ergaben sich aus den individuellen Handlungen der einzelnen Personen, ohne dass sie geplant waren.

1 a Informieren Sie sich über die Theorie vom Wirken der unsichtbaren Hand und über das Beispiel der Trampelpfade (▶ Info). Vervollständigen Sie die Skizze, indem Sie mögliche Trampelpfade einzeichnen.

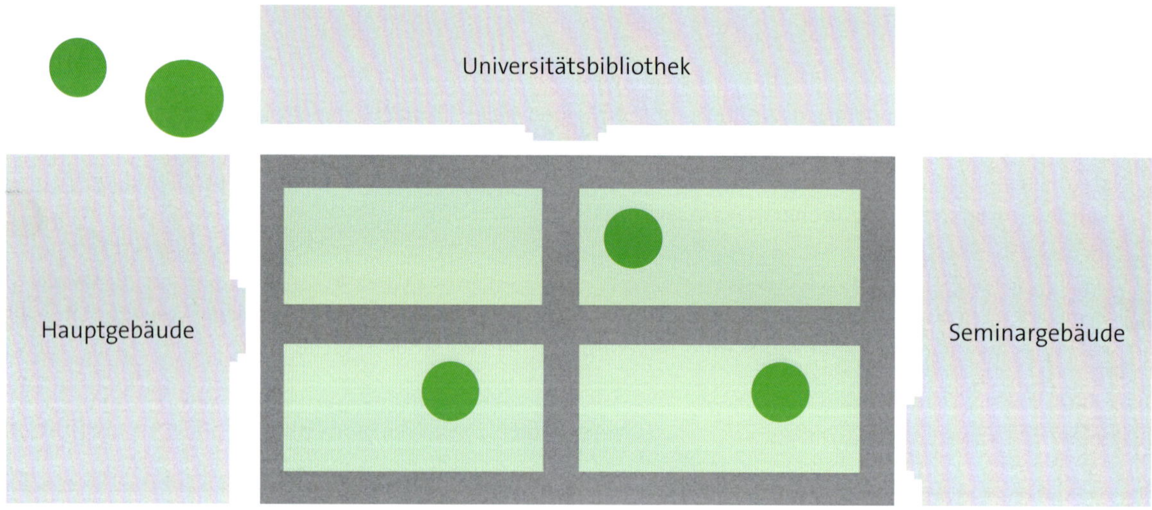

b Erklären Sie, wie die Trampelpfade zwischen den einzelnen Gebäuden zustande kommen.

c Welche Einwände könnte die Verwaltung der Universität gegen die unplanmäßig entstandenen Wege vorbringen? Welche Maßnahmen könnte die Verwaltung gegen die Benutzung der Trampelpfade ergreifen? Für wie erfolgversprechend halten Sie solche Maßnahmen? Beantworten Sie die Fragen.

Sprachwandel in Berufsbezeichnungen

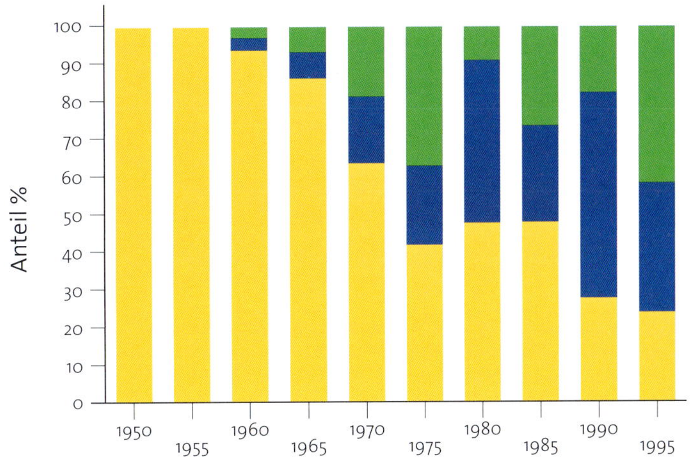

Relative Häufigkeit der Bezeichnungen „Putzfrau“, „RaumpflegerIn“ und solcher, die „Reinig...“ enthalten (z. B. Reinigungsmitarbeiter, Reinigerin, Reinigungskraft, Frau für Ladenreinigung), pro fünf Jahre, in Stellenanzeigen 1950–1999.

- „Reinig...“
- „Raumpfleg...“
- „Putzfrau“

2 a Fassen Sie die Aussagen des Diagramms knapp zusammen.

Das Diagramm gibt Auskunft über

b Erklären Sie die im Diagramm dargestellte Sprachentwicklung mithilfe von Rudi Kellers Sprachwandeltheorie.

Ab etwa 1960 haben einzelne Personen anstatt des Begriffs „Putzfrau“

weil

1.2 Anglizismen

Info **Anglizismen**

Anglizismen sind Übernahmen aus dem Englischen/Amerikanischen in die deutsche Sprache.
Man **unterscheidet:**

- **Wortentlehnungen:** englische Wörter, die an die deutsche Aussprache, Schrift oder Grammatik angepasst sind, z. B. *shoppen, gemanagt*.
- **Lehnübersetzungen:** Wort-für-Wort-Übersetzungen der Teile eines englischen Wortes, z. B. *Gehirnwäsche* aus engl. *brainwash*, oder eines Satzes, z. B. *Es macht Sinn.* aus engl. *It makes sense.*
- **Scheinanglizismen:** Wörter, die zwar englische Sprachelemente enthalten, in der englischen Sprache aber nicht existieren, z. B. *Handy* (engl. *mobile phone, cell phone*).

Die **Gründe** dafür, dass Anglizismen sich etablieren, sind vielfältig:

- Oft wird das englische Wort importiert, weil es keine deutsche Bezeichnung für den betreffenden Sachverhalt gibt oder die Übersetzung zu umständlich klänge, z. B. *Management* statt *Betriebsleitungstechnik*.
- Mitunter gehören die Wörter zu Bereichen, in denen Englisch die internationale Verkehrssprache oder Fachsprache ist, z. B. *Computer* statt *Rechner*.
- Manche Anglizismen sind allerdings nur modische Protzereien. Das ist besonders häufig bei Beispielen aus Fernsehen und Werbeindustrie der Fall, z. B. *powered by ...*

Anglizismen werden zum Teil **kritisiert,** zum Teil wird diese Kritik jedoch auch relativiert:

Kritik

- Anglizismen sind für viele Menschen nicht verständlich und grenzen somit ganze Bevölkerungsgruppen aus.
- Nutzer von Anglizismen wollen damit nur imponieren, modern wirken oder gar etwas verschleiern.
- Anglizismen sind nicht notwendig, weil sie gut durch deutsche Wörter ersetzt werden können.
- Der Gebrauch von Anglizismen führt zum Verfall der deutschen Sprache.

Relativierung der Kritik

- Die Zahl der Anglizismen ist gar nicht so groß.
- Anglizismen treten nur in bestimmten Bereichen (z. B. Wirtschaft, Informationstechnologien) vermehrt auf.
- In der Sprachgeschichte hat sich der Einfluss fremder Sprachen immer von selbst wieder reguliert.
- Anglizismen fügen sich gut in die grammatische Struktur des Deutschen ein.
- Anglizismen bereichern die deutsche Sprache.

1 Kreuzen Sie an, um welche Art von Anglizismus (▸ Info) es sich bei den folgenden Beispielen handelt.

	Englisches Wort	Anglizismus	Wortentlehnung	Lehnübersetzung	Scheinanglizismus
a	to download	downloaden	☐	☐	☐
b	antique car, vintage car	Oldtimer	☐	☐	☐
c	flood light	Flutlicht	☐	☐	☐
d	digital projector	Beamer	☐	☐	☐

2 Begründen Sie für die beiden folgenden Anglizismen, warum sie sich im Deutschen etabliert haben.

a *Event:* ______________________________

____

____

b *Internet:* ______________________________

____

____

3 Im Folgenden finden Sie mehrere Zitate von Sprachwissenschaftlern zum Thema „Anglizismen“. Notieren Sie darunter jeweils, inwiefern hier Kritik an Anglizismen geübt bzw. diese Kritik relativiert wird (▶ Info, S.10). Begründen Sie Ihre Entscheidung knapp.

a „Die Aufnahme neuer und das Aussterben alter Fremdwörter hält sich seit Jahrhunderten nahezu die Waage. [...] Es ist auch ein Irrtum, dass die Verwendung von Fremdwörtern die grammatische Struktur des Deutschen schädigen könnte.“ (Jochen A. Bär, Fremdwortexperte)

Kritik wird relativiert: ____

b „Trotz wiederholter sprachkritischer Alarmrufe wegen ‚Engländerei‘, ‚Überflutung‘ usw. bleibt bis heute der Anteil von Angloamerikanismen in nicht zu speziellen Texten, z.B. Nachrichten, Kommentaren, Reportagen, Bekanntmachungen, relativ gering.“ (Peter von Polenz, Sprachhistoriker)

c „Wenn ohne Not der Erfolg von Kommunikation gefährdet oder ganze Bevölkerungsgruppen vom gesellschaftlichen Leben ausgegrenzt werden, ist Protest angebracht. Nicht nur die Rentnerin verliert im pseudoglobalen Marketingjargon den Überblick.“ (Michael Klemm, Linguistikprofessor)

4 Welche Argumente der Sprachwissenschaftler finden Sie besonders überzeugend? Begründen Sie.

5 Der „Verein Deutsche Sprache“ regt an, für Anglizismen deutsche Begriffe zu verwenden. Beurteilen Sie die folgenden Vorschläge:

a *Klapprechner* für *Laptop:* ____

b *Kundendienst* für *after sales service:* ____

1.3 Diskriminierungsfreier Sprachgebrauch

Info **Diskriminierungsfreier Sprachgebrauch**

Mit einem diskriminierungsfreien Sprachgebrauch wird versucht, Menschen **nicht** aufgrund bestimmter Merkmale (z. B. körperlicher Eigenschaften oder Abstammung) sprachlich **auszugrenzen oder herabzusetzen.** Dabei werden als unangemessen empfundene Begriffe oder Redewendungen durch Alternativen ersetzt. Dies betrifft vor allem folgende Bereiche:

- **ethnische** oder **nationale Zugehörigkeit,** z. B. *Sinti und Roma* statt *Zigeuner, Menschen mit Migrationshintergrund/Zuwanderungsgeschichte* statt *Ausländer,*
- **körperliche** oder **geistige Einschränkungen,** z. B. *Senioren* für *Greise,*
- **soziale Stellung,** z. B. *sozial Schwache* für *Arme, Kunden* oder *Klienten* für *Bedürftige,*
- **Geschlecht** (► Info, S. 13).

Bemühungen um einen diskriminierungsfreien Sprachgebrauch stoßen auch immer wieder auf **Kritik:**

- Es wird darauf hingewiesen, dass die Sprache nicht zwingend das Denken der Sprecher und erst recht **nicht die soziale Wirklichkeit verändert.**
- Teilweise werden Begriffe durch immer neue Alternativen ersetzt, weil sich die negative Bedeutung des Ursprungsworts auf die Alternativbegriffe überträgt, z. B. *Neger → Schwarze → Farbige → Afroamerikaner.*
- Manche Alternativbegriffe sind **zu ungenau,** z. B. *besonderes Kind* für *behindertes Kind,* bzw. haben eine **zu positive Konnotation,** z. B. *verhaltensoriginelles Kind* für *verhaltensgestörtes Kind.*

1 Überlegen Sie, welche Gründe der Thienemann Verlag für die folgende Entscheidung angeführt haben könnte. Nutzen Sie dazu Ihre Kenntnisse über diskriminierungsfreie Sprache (► Info).

Verlag streicht „Neger" und „Zigeuner" aus Kinderbuch
Der Kinderbuchklassiker „Die kleine Hexe" von Otfried Preußler wird künftig ohne diskriminierende Wörter wie „Neger" oder „Negerlein" erscheinen. Das kündigte der Stuttgarter Thienemann Verlag in der Berliner Tageszeitung „taz" an. Die umstrittenen Ausdrücke würden dabei nicht ersetzt, sondern ganz gestrichen.

---

2 Erläutern Sie, was Zimmer hier an einem politisch korrekten Sprachgebrauch kritisiert (► Info).

Dieter E. Zimmer schreibt in seinem Buch „Deutsch und anders – die Sprache im Modernisierungsfieber":
Irre, Wahnsinnige, Verrückte gibt es nicht mehr; das Deutlichste heute sind *Geistesgestörte,* aber korrekter ist *psychisch Kranker* oder *Psychiatriepatient,* und ganz korrekt ist *Person mit Psychiatrieerfahrung* – womit erfolgreich kaschiert wäre, ob es sich um Psychiater oder ihre Patienten handelt. [...]
Wenn die politische Korrektur der Sprache auf der irrigen Meinung beruht, durch bloße Namengebung ließen sich die Verhältnisse oder gar die Gefühle des Menschen reformieren, so ist sie vermutlich Teil eines noch größeren, eines säkularen Aberglaubens: Der Mensch, das Bewusstsein des Menschen sei Sprache und sonst nichts.

---

3 Formulieren Sie zum letzten von Zimmer kritisierten Aspekt (► Info) ein mögliches Gegenargument.

Geschlechtergerechte Sprache

Info **Geschlechtergerechte Sprache**

Geschlechtergerechte Sprache berücksichtigt in der Wortwahl, vor allem bei Personenbezeichnungen, das weibliche und das männliche Geschlecht gleichermaßen, damit sich beide Geschlechter angesprochen fühlen. Dabei gibt es im Wesentlichen zwei Möglichkeiten:

- **Nennung beider Geschlechter,** z. B. mit zwei einzelnen Wörtern *(Fahrerin* oder *Fahrer, Bürokaufmann* oder *Bürokauffrau)*, Splitting *(der/die Fahrer/-in)* oder das Binnen-I *(FahrerIn)*,
- **neutrale Formulierungen**, z. B. durch geschlechtsneutrale Personenbezeichnungen *(Lehrkraft, Kollegium)*, nominalisierte Partizipien *(Zuhörende)* oder geschlechtsneutrale Pronomen *(Wer an dem Kurs teilnimmt, ...* statt *Teilnehmer)*.

Geschlechtergerechte Sprache wird bis heute *kritisiert*, etwa weil sie schwerer lesbar sei oder künstlich klinge. Dennoch **setzt** sie **sich** im öffentlichen Sprachgebrauch **zunehmend durch**.

1 Formulieren Sie die folgende Einladung in einen leserfreundlichen Text in geschlechtergerechter Sprache (▸ Info) um.

Liebe Eltern, liebe Lehrer,

wir laden Sie ganz herzlich zu unserer diesjährigen Theateraufführung am 04. 05. 2018 um 19 Uhr ein. Die Zuschauer können sich auf einen spektakulären Bühnenauftritt talentierter Schauspieler freuen.

Die Schüler der Theater AG

2 a Formulieren Sie in eigenen Worten, welche These Martin Halter vertritt, und begründen Sie diese mit einem möglichen Argument.

Martin Halters Sprachkritik
Die geschlechtergerechte Sprache ist auf dem Vormarsch, mögen sich Duden und Dödel auch noch so mannhaft gegen ihre Auswüchse stemmen. Aber muss es wirklich „Mitgliederinnen" geben? [Man liest] immer häufiger, die lieben „Mitglieder und Mitgliederinnen" sollten doch bitte ihre Vereinsbeiträge zahlen und die nächste MitgliederInnenversammlung nicht versäumen.

b Formulieren Sie ein mögliches Gegenargument zu Martin Halters These.

2 Materialgestütztes Verfassen eines informierenden erklärenden Textes (Aufgabenart IV)

Aufgabenbeispiel

1. Im Sommer 2017 wurde in den Medien ausführlich über die Neuauflage des DUDEN berichtet. Dies haben Sie mit großem Interesse zur Kenntnis genommen und sich entschieden, Ihre Mitschülerinnen und Mitschüler in einem Artikel für die Schülerzeitung über den DUDEN als Spiegel von Sprachwandelprozessen zu informieren.

   Verfassen Sie zu diesem Thema auf Grundlage der Materialien 1 bis 6 und Ihrer Kenntnisse aus dem Unterricht einen Schülerzeitungsartikel, in dem Sie
   - die Geschichte des DUDEN und die sich darin spiegelnde Sprachentwicklung darstellen,
   - anhand ausgewählter Beispiele Veränderungen in der aktuellen Ausgabe des DUDEN und deren Gründe erläutern,
   - abschließend die kulturelle Bedeutung des DUDEN als Spiegel von Sprachwandelprozessen begründen.

   (45 Punkte)

M1 **Lügenpresse, Tablet, futschikato – Der Duden wächst um 5000 Wörter** (2017)

Die 27. Auflage des Duden kommt – und mit ihr Tausende neue Wörter, von *Flexitarier* bis *Wutbürgerin*. Einige Schreibweisen wurden hingegen gestrichen.

Die Duden-Redaktion hat das Nachschlagewerk für die neue Auflage um 5000 Wörter erweitert. Dabei schlägt sich die politische Debatte der vergangenen Jahre deutlich nieder, mit Neuaufnahmen wie *Flüchtlingskrise, Fake News* und *postfaktisch.* Viele weitere neue Wörter sind englischen Ursprungs, darunter *Selfie* und *Tablet.*

„Es ist einfach Fakt, dass viele Dinge in unser Leben treten, die aus dem englisch-amerikanischen Raum kommen, wenn man zum Beispiel an technische Entwicklungen denkt", sagte Redaktionsleiterin Kathrin Kunkel-Razum vor dem Verkaufsstart der 27. Auflage am Mittwoch.
Der Duden wächst seit Jahrzehnten. Er enthält nun 145000 Stichwörter, die Urfassung von 1880 hatte 27000. Weggefallen ist eine geringe Zahl eingedeutschter Schreibweisen, die sich nicht durchgesetzt haben. Statt *Majonäse* ist jetzt zum Beispiel nur noch *Mayonnaise* zulässig.

Hier eine Auswahl der neu aufgenommenen Wörter:
Zeitgeschichtliches: *Flüchtlingskrise, Lügenpresse, Willkommenskultur, postfaktisch, Hasskriminalität, Schmähgedicht, Fake News, Drohnenangriff, Kopftuchstreit, Brexit, Jobaussicht, queer* (einer anderen als der heterosexuellen Geschlechtsidentität zugehörig), *Flexitarier, Wutbürgerin* (männliche Fassung war bereits enthalten)
Technologisches: *Selfie, Selfiestick, Tablet, Social Bot* (Computerprogramm, das wie ein Mitglied eines sozialen Netzwerks agiert), *pixelig, Datenbrille, Emoji* (Piktogramm, das auf Gefühlslagen, Gegenstände oder Lebewesen verweist), *Filterblase, liken, Cyberkrieg, facebooken, entfreunden*
Modisches: *Undercut, Work-Life-Balance, Low Carb, Hoodie, Urban Gardening, Roadtrip, Hygge* (Gemütlichkeit, Heimeligkeit als Lebensprinzip), *Jumpsuit*
Umgangssprachliches: *verpeilen, rumeiern, abgezockt, futschikato* (bedeutet in etwa so viel wie futsch, verloren, kaputt), *Tüddelkram* (Unwichtiges), *runterwürgen, Honk* (Dummkopf, Idiot), *Ramschniveau* (geringe Vertrauenswürdigkeit, etwa eines Wertpapiers) […]

Die Entscheidungen zur Neuaufnahme von Wörtern basieren auf einer riesigen elektronischen Textsammlung. Eingespeist werden Zeitungsartikel,

aber zum Beispiel auch Gebrauchsanweisungen und Romane. Für Neuauflagen filtern Computerlinguisten neue Begriffe seit der vorigen Ausgabe heraus. Übrig bleiben ellenlange Listen, aus denen Redakteure Kandidaten auswählen.
Für die Aufnahme seien mehrere Kriterien entscheidend: Wörter müssen häufig und in unterschiedlichen Textsorten vorkommen. Enthaltene Rechtschreibtücken sind auch ein Faktor. Daneben geht es um die Dokumentation gesellschaftlicher Entwicklungen und um Service: „Manche Nutzer glauben, dass es ein Wort nicht gibt, wenn es nicht im Duden steht", sagt Kunkel-Razum. Entsprechend viele Neuaufnahmen sind zusammengesetzte Substantive, wie *Flüchtlingskrise* und *Mütterrente*.

(aus: http://www.spiegel.de)

M2 **Weder Fortschritt noch Verfall – Bastian Sick im Gespräch mit Liane von Billerbeck** (2017)

LIANE VON BILLERBECK: Heute erscheint der neue Duden. 5 000 Wörter sind darin neu aufgenommen worden, darunter auch viele Anglizismen, im Wörterbuch der deutschen Sprache. Darüber will ich jetzt mit Bastian Sick sprechen. Der Autor hat ja mit Büchern wie „Der Dativ ist dem Genitiv sein Tod" Millionen Menschen auf die Feinheiten und auf die Fallstricke der deutschen Sprache aufmerksam gemacht. Ich grüße Sie!
BASTIAN SICK: Einen wunderschönen guten Morgen!
VON BILLERBECK: Der Duden beschreibt ja Veränderungen der Sprache. Die Redaktion beobachtet und hat quantitative Kriterien, wann eine neue Wortschöpfung Eingang findet. Wäre es nicht besser, die Redaktion würde Neologismen qualitativ bewerten?
SICK: Das fragen sich viele. Das ist aber sehr schwierig, denn wer soll sagen, ob ein Wort es wert ist oder eben nicht? Letztlich ist Sprache ja etwas unglaublich Demokratisches. Wir alle entscheiden, welche Wörter verwendet werden, welche Wörter benutzt werden und verbreitet werden. Und der Duden beobachtet das eben nur und hält es dann am Ende fest. Und es haben sich offenbar genügend Fundstellen gefunden für neue Wörter wie „Work-Life-Balance", „Low Carb", „Hoodie", „Urban Gardening", „Roadtrip", „Hygge" und „Jumpsuit" und wie sie alle heißen.
VON BILLERBECK: Das heißt, es müssen nur genug Doofköppe sein, und die müssen ein Wort lange genug falsch verwenden, und dann steht's irgendwann als richtiges im Duden? Zum Beispiel „der" oder „das Zölibat". Ist das denn im Sinne des Sprachwandels wünschenswert?
SICK: Dass es bei bestimmten Wörtern mehrere Möglichkeiten gibt, welchen Artikel man ihnen zuordnen soll, dass es da einen Unterschied zwischen der Volkssprache und der Wissenschaftssprache gibt, das war immer schon so. Das ist nicht erst jetzt im neuesten Duden der Fall, und da muss man auch der Duden-Redaktion keinen Vorwurf machen, dass sie ungenau sei oder so etwas. Die macht ihre Arbeit sehr gründlich, und ich bin sehr dankbar dafür, dass es den Duden gibt. Es ist eben immer die Frage, will man deskriptiv arbeiten oder will man normativ arbeiten. Der Duden galt lange Zeit als normatives Standardwerk, das heißt also, er hat festgesetzt, wie die Regeln lauten. Was im Duden stand, das galt. Und heute ist es eben so, dass der Duden gar nicht mehr unbedingt sich als festschreibendes Regelwerk verstehen will, sondern eben als beschreibendes. Festschreiben, wie etwas zu sein hat, das tut ja der Rat für deutsche Rechtschreibung.

(aus: http://www.deutschlandfunkkultur.de)

M3

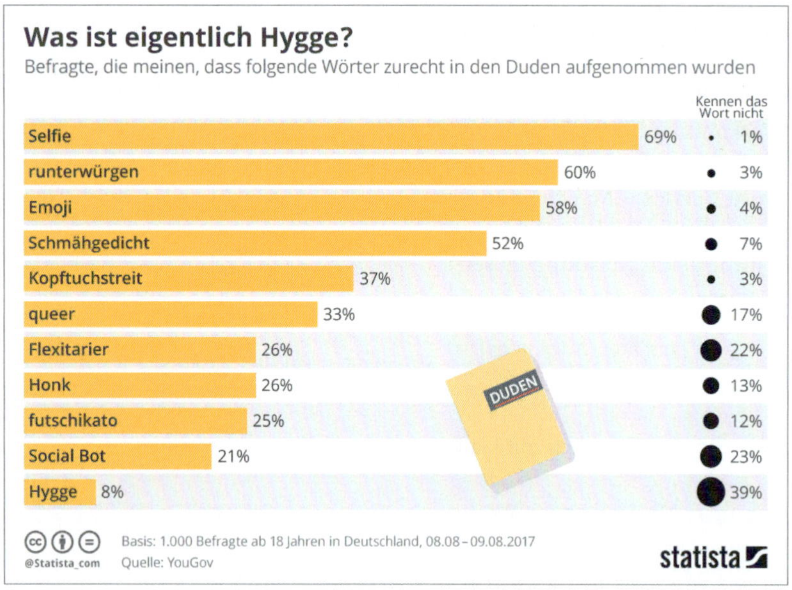

(Quelle: YouGov Marktforschungsinstitut)

M4 Wortbestand verfünffacht

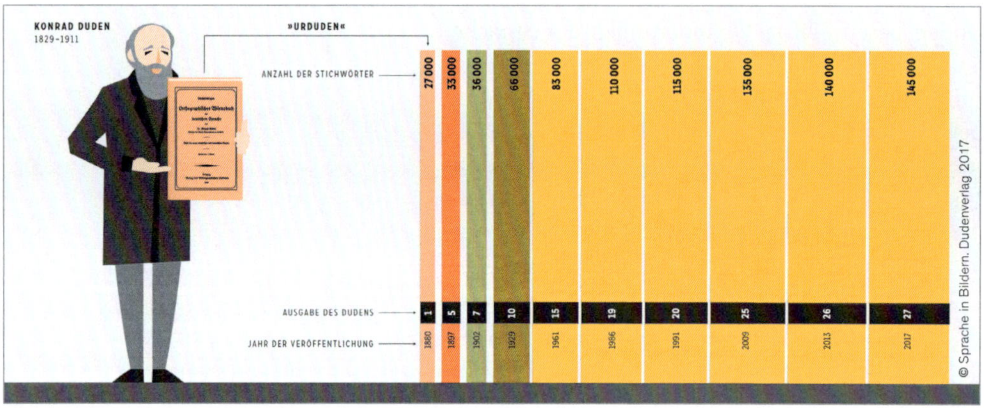

(aus: http://www.duden.de)

M5 Konrad Duden: **Ein Lehrer regelte die Rechtschreibung** (2011)

In einer Zeit großer Unsicherheit entwarf Konrad Duden ein Regelwerk, das die Schreibweise der deutschen Sprache bis heute prägt.

Mannheim. Konrad Duden, der am 1. August vor 100 Jahren starb, war sich seiner Sache sicher: Der Vollblutlehrer wollte eine einheitliche deutsche Rechtschreibung. Als der Philologe im Jahr 1876 mit 47 Jahren Direktor am Gymnasium im hessischen Hersfeld wurde, ist er als Intellektueller bereits bekannt: Mit einer Veröffentlichung einiger Rechtschreibregeln und einem ersten Wörterverzeichnis hatte er 1872 im thüringischen Schleiz – rund vier Jahre zuvor – bereits erstmals von sich reden gemacht.
Im Jahr 1880 präsentierte Duden den gesammelten deutschen Wortschatz mit rund 28 000 Stichwörtern. Er gab ihm den Titel „Vollständiges Orthographisches Wörterbuch der deutschen Sprache“ und fand damit Anerkennung im nahezu gesamten deutschsprachigen Raum. Die von da an noch verbleibenden drei Jahrzehnte seines Lebens widmete er sich immer neuen Auflagen. Nach und nach übernahmen immer mehr Staaten Dudens Vorgaben. [...] Die 7. Auflage des Duden galt im gesamten deutschen Sprachgebiet. [...] Nachdem Duden noch 1903 den „Buchdruckerduden“ herausgegeben hatte, wurde er 1905 pensioniert. Er zog nach Sonnenberg bei Wiesbaden und starb am 1. August 1911. Wenige Tage zuvor legte er

seine 9. und letzte Auflage vor, die 1915 veröffentlicht wurde. Es folgte im Jahr 1929 die 10. Auflage als „Der große Duden". Im dritten Reich färbte die nationalsozialistische Ideologie auf das Wörterlexikon ab. Stichwörter wie „erbgesund" oder „Jud" fanden Eingang in das Werk. Nach dem Zweiten Weltkrieg veröffentlichte die Duden-Redaktion des Bibliographischen Instituts in Leipzig die 13. Auflage – den ersten Nachkriegsduden.
Mit der Teilung Deutschlands 1949 gab es für den Duden erstmals zwei Redaktionen: In Leipzig wurde der „Ostduden" verlegt, in Mannheim der „Westduden". Bis zum Ende der 80er-Jahre ignorierten sich beide Bibliographischen Institute. [...] Nach der Wiedervereinigung Deutschlands erschien 1991 der „Einheitsduden" als 20. Auflage, den beide Redaktionen gemeinsam erarbeiteten und der mittlerweile 115 000 Stichwörter umfasst. Mit der großen Rechtschreibreform 1996 kam der „Reformduden" auf den Markt. Diese 21. Auflage entstand auf der Basis der neuen amtlichen Rechtschreibregeln, mit denen auch die Verbindlichkeit des Dudens wieder aufgehoben wurde. Nach vier weiteren Ausgaben erschien die 25. und derzeit aktuelle Ausgabe im Jahr 2009. *(aus: https://www.abendblatt.de)*

M6 Anne Schneemelcher: **27 Jahre nach Wiedervereinigung – Weiß der „Wessi", was ein Broiler ist?** (2017)

Halle (Saale) – Die Mauer trennte nicht nur Familien, Ehepaare und Freunde voneinander. Sie hat auch die deutsche Sprache gespalten. Was für den Ostdeutschen ganz klar Kosmonaut hieß, war für den Westdeutschen der Astronaut; in der Bundesrepublik gab es am Grill-Stand Hähnchen, in der DDR wurde Broiler gegessen. Bis heute trennen die Deutschen einige Wörter, obwohl sie dieselbe Sprache sprechen und sich nach der Wiedervereinigung auch ohne Probleme verstanden haben.
Dabei ist es eigentlich verwunderlich, dass es keine Verständigungsprobleme gab. Denn offiziell war der Wortschatz der DDR-Bürger um 45 000 Wörter ärmer als im anderen Teil Deutschlands. Zumindest laut Wörterverzeichnis des Dudens. Ab 1951 existierten nämlich zwei Redaktionen des Nachschlagewerkes. Beinahe 40 Jahre lang wurde die deutsche Sprache parallel erfasst. Während der letzte Ost-Duden der Leipziger Redaktion 65 000 Wörter führte, listeten die Kollegen in Mannheim für die Bundesrepublik 110 000 Wörter auf.
Die höhere Stichwortzahl lag unter anderem daran, dass der West-Duden in Konkurrenz zu anderen Wörterbüchern stand und auf viele Vorschläge und Wünsche der Benutzer einging. [...]
Einen politischen Hintergrund für die unterschiedliche Wörteranzahl schließt Scholze-Stubenrecht, Leiter der Dudenredaktion, aus. Das im DDR-Duden das „Wirtschaftswunder" und der „Bundeskanzler" fehlten, scheint nicht ideologisch bedingt gewesen zu sein. Denn schließlich waren bundesrepublikanische Wörter wie „Nylon" oder „Außenminister" aufgelistet. Dennoch hat Scholze-Stubenrecht keinen Zweifel daran, dass die Leipziger Kollegen politisch zentrale Wörter wie „Kapitalismus" oder „Kommunismus" im Einklang mit der Parteilinie behandelten.
Von heute auf morgen hatte die Partei aber nichts mehr zu sagen. Das Politbüro, das Bruderland, der Fünfjahresplan und die Brigade waren mit ihr untergegangen. Es gab nun eine Bundesregierung mit einem Kanzler. Man konnte eine GmbH gründen und einen Bafög-Antrag stellen. Administrative Bezeichnungen der BRD wurden übernommen. Wörter aus den Sachbereichen Politik, Wirtschaft und Verwaltung kamen hinzu und krempelten verschiedenen Bereiche des öffentlichen Lebens um. „Dadurch, dass die DDR aufhörte zu existieren, wurden die alten Bezeichnungen für das System überflüssig", erklärt Linguist Beat Siebenhaar von der Uni Leipzig den Sprachwandel nach der Wiedervereinigung. *(aus: http://www.mz-web.de/)*

2.1 Erster Schritt: Die Aufgabenstellung verstehen

Methode **Die Aufgabenstellung verstehen**

Damit Sie die verschiedenen Materialien gezielt auswerten und einen Text verfassen können, der den Anforderungen der Aufgabenstellung entspricht, müssen Sie die Aufgabenstellung genau verstehen.
Dabei helfen Ihnen folgende Leitfragen:

- Was ist das **Thema** des informierenden Textes?
- Was sind **Anlass** und **Ziel** des geforderten Textes?
- Welche **Textsorte** wird verlangt? Was wissen Sie über diese Textsorte?
- Wer sind die **Adressaten?** Welche Erwartungen haben sie in Bezug auf Inhalt und Schreibweise des Textes?
- Welche **Operatoren** kommen in der Aufgabenstellung vor und welche Tätigkeiten verlangen diese von Ihnen (siehe Tippkasten unten)?
- Auf welche **Aspekte** sollen Sie in dem Text eingehen?

1 Lesen Sie die Aufgabenstellung (▶ S. 14) aufmerksam durch.

a Markieren Sie zentrale Begriffe in der Aufgabenstellung. Wählen Sie für die drei Aspekte Ihres Textes („Geschichte des DUDEN“ usw.) jeweils eine eigene Farbe.

b Beantworten Sie die im Methodenkasten oben aufgelisteten Fragen in Stichworten.

Thema: ______________________________

Anlass und Ziel: ______________________________

____

Textsorte: ______________________________

Adressaten: ______________________________

Operatoren: ______________________________

____

Aspekte: ______________________________

____

____

Tipp **Operatoren beachten**

Operatoren bezeichnen die konkreten Tätigkeiten („Operationen“), die die Aufgabenstellung von Ihnen verlangt.
Für die Aufgabenart IV sind z. B. folgende Operatoren wichtig:

- **beschreiben/wiedergeben/zusammenfassen:**
  Textaussagen oder Sachverhalte in eigenen Worten darstellen,
- **darstellen:**
  Zusammenhänge, Probleme, Inhalte unter einer bestimmten Fragestellung sachbezogen ausführen,
- **erläutern:**
  Textaussagen, Sachverhalte differenziert darstellen, durch zusätzliche Informationen veranschaulichen,
- **argumentieren:**
  bezogen auf eine Fragestellung Argumente entfalten und – eventuell unter Abwägung unterschiedlicher Standpunkte – zu einem Urteil gelangen,
- **begründen:**
  Standpunkte, Thesen mit Argumenten stützen.

2 Kreuzen Sie an, was die Aufgabenstellung von Ihnen verlangt.

	Ich soll ...	richtig	falsch
a	ausführlich über verschiedene Verwendungszwecke des DUDEN informieren.	☐	☐
b	mich auf Informationen über den DUDEN als Spiegel der Sprachentwicklung konzentrieren.	☐	☐
c	vor allem darlegen, welche neuen Wörter in den aktuellen DUDEN aufgenommen wurden.	☐	☐
d	die drei Aspekte „Geschichte des DUDEN“, „Beispiele und Gründe für Veränderungen in der neuesten Ausgabe“ sowie „Kulturelle Bedeutung“ gleichermaßen berücksichtigen.	☐	☐
e	meinen Text strukturiert, nicht zu schwierig und leserorientiert schreiben.	☐	☐

2.2 Zweiter Schritt: Erstes Textverständnis und Ideen formulieren

Tipp **Vorwissen aktivieren**

Wenn man unbekannte Texte verstehen möchte, sollte man bewusst sein **Vorwissen** zum Thema der Texte **aktivieren.** So können neue Informationen mit dem schon vorhandenen Wissen verknüpft und besser eingeordnet und behalten werden.
Als **Methoden** bieten sich **Cluster** und **Mindmap** an. In einer Klausursituation mit Zeitdruck hilft es jedoch bereits, kurz über das Themengebiet nachzudenken und sich sein Vorwissen bewusst zu machen.

1 Aktivieren Sie Ihr Vorwissen zum Thema DUDEN mit Bezug auf den Sprachwandel.
Sie können auch Fragen notieren. Ergänzen Sie dazu den folgenden Cluster in Ihrer Kursmappe.

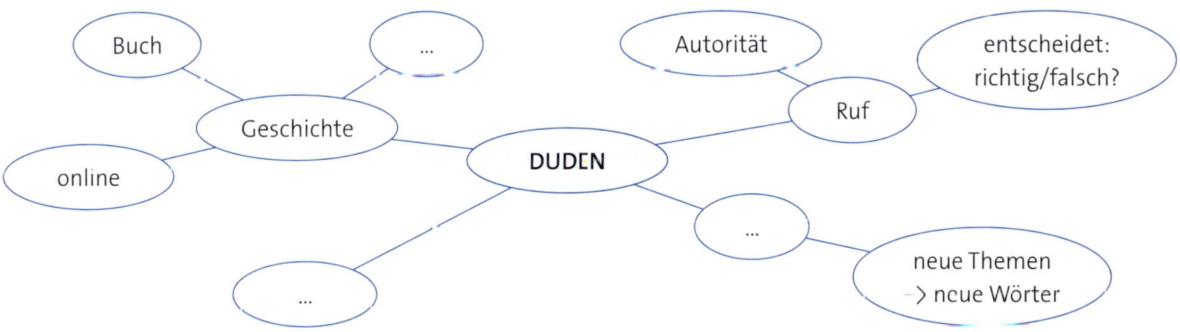

2 Verschaffen Sie sich einen ersten Überblick über die Materialien M1 bis M6:
- Lesen Sie jeweils die Überschriften.
- Überfliegen Sie die Texte und betrachten Sie die Grafiken.
- Notieren Sie, zu welchem Aspekt der Aufgabenstellung die Materialien jeweils vorwiegend gehören (Geschichte des DUDEN im Hinblick auf Sprachwandel, Gründe und Beispiele für Veränderungen in der Neuausgabe, kulturelle Bedeutung des DUDEN).

M1: *vorwiegend Gründe und Beispiele für Veränderungen, auch kulturelle Bedeutung*

M2: ______

M3: ______

M4: ______

M5: ______

M6: ______

2.3 Dritter Schritt: Die Materialien gezielt lesen

1 Lesen Sie die Texte M 1, 2, 5 und 6 nun gezielt. Sie können sich am folgenden Beispiel zu M2 orientieren.
- Markieren Sie in den drei von Ihnen gewählten Farben (▸ S. 18, Aufgabe 1 a), welche Informationen zu welchen Aspekten des Themas gehören.
- Nutzen Sie den Rand neben dem Text für Notizen: Hier können Sie z. B. Informationen mit eigenen Worten zusammenfassen, Beziehungen zu anderen Materialien herstellen oder versteckte Informationen festhalten.

Aspekt: Gründe und Beispiele für Veränderungen in der Neuausgabe
kulturelle Bedeutung des DUDEN

Sick: Das fragen sich viele. Das ist aber sehr schwierig, denn wer soll sagen, ob ein Wort es wert ist oder eben nicht? Letztlich ist Sprache ja etwas unglaublich Demokratisches. Wir alle entscheiden, welche Wörter verwendet werden, welche Wörter benutzt werden und verbreitet werden. Und der Duden beobachtet das eben nur und hält es dann am Ende fest. Und es haben sich offenbar genügend Fundstellen gefunden für neue Wörter wie „Work-Life-Balance“, „Low Carb“, „Hoodie“, „Urban Gardening“, „Roadtrip“, „Hygge“ und „Jumpsuit“ und wie sie alle heißen.

DUDEN: Beschreibung statt Regelung des Sprachwandels
→ Bezug zu M3: Erwartung der Nutzer/-innen

neue Wörter, Beispiele

Methode **Ein Diagramm anhand von Leitfragen auswerten**

1 **Thema klären**
Worüber macht das Diagramm Aussagen?
2 **Details untersuchen**
- Wenn Zahlen angegeben werden: Handelt es sich um Prozentangaben oder um absolute Zahlen?
- Werden Symbole und Farben erklärt?
- Gibt es einen Begleittext, der z. B. die Erhebungsmethode erläutert?
- Falls die Zahl der Befragten angegeben wird: Wie repräsentativ ist diese?
- Werden Quellen angegeben?
3 **Kernaussagen zusammenfassen**

2 a Betrachten Sie die Grafik M3 (▸ S. 16). Geben Sie an, worüber die Grafik informiert.

Die Grafik gibt Auskunft über ______________________

____

____

b Notieren Sie die Quelle und die Datengrundlage des Diagramms.
Erscheint die Zahl der Befragten ausreichend?

Quelle des Balkendiagramms ist ______________________

____

____

c Fassen Sie die Kernaussagen des Diagramms zusammen.

____

____

____

d Setzen Sie die Aussage des Diagramms in Beziehung zu den Informationen aus den anderen Materialien. Prüfen Sie, ob sie Informationen in den anderen Materialien ergänzt, bestätigt oder im Widerspruch dazu steht.

3 Erschließen Sie die Grafik M4 (► S. 16) mit Hilfe des Methodenkastens auf S. 20. Notieren Sie das Thema und die Kernaussagen der Grafik.

2.4 Vierter Schritt: Den Schreibplan erstellen und schreiben

Den Schreibplan erstellen

Methode **Informationen filtern, strukturieren, vernetzen**

Prüfen Sie, ob die Aufgabenstellung eine Hilfe für die Gliederung des Textes gibt. Oft bestehen Aufgabenstellungen zum materialgestützten Schreiben aus mehreren **Teilaufgaben** und diese Einteilung kann für die **Strukturierung des Textes** verwendet werden.
Wichtig ist, dass der Text eine **klare gedankliche Struktur** aufweist, die zur verlangten Thematik und Textform passt. Dafür müssen die Informationen aus den Materialen gefiltert, neu strukturiert und vernetzt werden.

Dabei ist es wichtig,
- Einzelinformationen den vorgegebenen Aspekten zuzuordnen,
- für das Schreibziel überflüssige Informationen auszusortieren,
- mehrfach vorkommende Informationen zusammenzufassen,
- widersprüchliche Informationen herauszustellen.

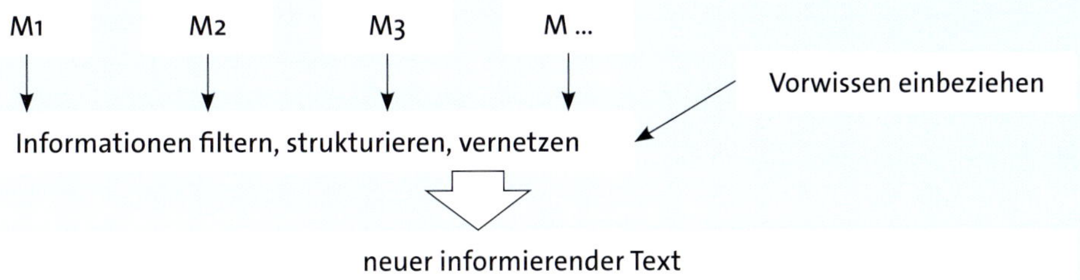

1 Notieren Sie, welche Grobgliederung des Hauptteils durch die Aufgabenstellung nahegelegt wird.

Tipp **Schreibplan in der Klausur**

Bevor Sie mit dem Schreiben beginnen, sollten Sie die Gliederung Ihres Textes klar vor Augen haben (► Aufgaben 2 bis 4 auf S. 22/23). In der Klausursituation ist allerdings oft keine Zeit für die detaillierte schriftliche Fixierung Ihres Schreibplanes. Sie halten dann nur die Hauptabschnitte fest und erledigen die Details der Konzeption teils im Kopf, teils in Form knapper Notizen oder Markierungen in den Materialien.

2 Planen Sie den Textabschnitt zur Geschichte des DUDEN als Spiegel der Sprachentwicklung. Führen Sie Informationen aus den relevanten Materialien zusammen. Behalten Sie Ihr Schreibziel und Ihre Adressaten im Auge und wählen Sie nur die wichtigsten Informationen aus. Ergänzen Sie dafür die folgende Tabelle in Stichworten.

Jahr/Zeitraum	Entwicklung DUDEN
1880	*„Urduden", „Vollständiges Orthographisches Wörterbuch der deutschen Sprache"* *Ziel: einheitliche Regelung der Rechtschreibung*
bis 1902	*7. Auflage*
NS-Zeit	

3 Planen Sie den Textabschnitt zu Veränderungen in der neuesten Ausgabe des DUDEN und deren Gründen. Achten Sie mit Blick auf Ihre Adressaten und auf die Textform auf eine angemessene Beschränkung bei der Auswahl der Beispiele. Notieren Sie Gründe für die Veränderungen und ordnen Sie den Gründen jeweils drei oder vier Beispiele zu.

Grund	Beispiele
1 *zeitgeschichtliche Entwicklungen in Gesellschaft und Politik*	*Flüchtlingskrise, Willkommenskultur,*
2	

Grund	Beispiele
3	
4	

4 Planen Sie den Textabschnitt zur kulturellen Bedeutung des DUDEN als Abbild des Sprachwandels.
Sichten Sie dafür insbesondere Ihre Markierungen in M 1, 2, 3.
Notieren Sie drei Begründungen, die für die Bedeutung des DUDEN als Spiegel der Sprachentwicklung sprechen.

Begründung 1: ______________________________

____

____

Begründung 2: ______________________________

____

____

Begründung 3: ______________________________

____

____

Den Text verfassen

5 Was wollen Sie bei der sprachlichen Gestaltung Ihres Textes berücksichtigen?
Machen Sie sich Stichpunkte. Sie können aus den folgenden Vorschlägen auswählen.

hin und wieder persönliche Anrede *(ihr ...)* • durchgehend unpersonlicher Stil *(man ...)* • subjektiver, emotionaler Stil • eher kurze, leicht verständliche Sätze • sachlicher Stil, aber nicht allzu trocken • möglichst vollständige Darlegung aller Einzelheiten • Reduktion auf das Wichtigste • Überleitungen zwischen Textabschnitten finden • gedankliche Zusammenhänge sprachlich verdeutlichen

____

____

Tipp **Eine Einleitung formulieren**

Die Einleitung Ihres Textes sollte
- das **Interesse** der Leserin / des Lesers wecken,
- den **Anlass** Ihres Beitrags nennen,
- das **Thema** und die **Absicht** des Textes nennen (z. B. informieren, überzeugen, appellieren ...).

6 Verfassen Sie in Ihrer Kursmappe eine Einleitung zu Ihrem informierenden Schülerzeitungsartikel.

Info **Redewiedergabe und Quellenangaben beim materialgestützten Schreiben**

Sie können Darstellungen aus den verwendeten Materialien auf unterschiedliche Weise wiedergeben: in **eigenen Worten** (paraphrasierend), in **indirekter Rede** oder als **wörtliches Zitat.** Dabei müssen Sie beim materialgestützten Schreiben **keine vollständigen Quellen- und Zeilenangaben** machen, wie es beim wissenschaftlichen Arbeiten erforderlich ist.

Nicht jede Tatsacheninformation, die einem glaubwürdigen Material entnommen wurde, muss mit einer Quellenangabe versehen werden. Aber z. B. bei der wörtlichen oder der indirekten Redewiedergabe, bei der Vorstellung von Umfrageergebnissen oder wenn Sie persönliche Wertungen aufgreifen, sollte die **Quelle kurz vorgestellt** werden. Beispiele:

- *„Manche Nutzer glauben, dass es ein Wort nicht gibt, wenn es nicht im DUDEN steht", sagt die Leiterin der DUDEN-Redaktion.*
- *Nach einer Umfrage des Marktforschungsinstituts YouGov im Jahr 2017 fanden weniger als ein Drittel der Befragten, dass ...*
- *Laut Bastian Sick hat die tatsächliche Sprachentwicklung etwas „unglaublich Demokratisches". Der Autor von Bestsellern über Sprachthemen weist in einem Interview 2017 im Deutschlandfunk darauf hin, dass ...*

7 Werfen Sie einen Blick auf Ihren Schreibplan. Unterstreichen Sie in den Materialien Informationen, für die Sie in Ihrem Text eine Quellenangabe verwenden sollten.

8 Verfassen Sie auf der Grundlage Ihrer Vorarbeiten den Hauptteil des Schülerzeitungsartikels. Sie können die folgenden Formulierungsbausteine nutzen. Denken Sie daran, bei der Redewiedergabe und beim Bezug auf Umfrageergebnisse die Quellen vorzustellen.

Formulierungsbausteine **Informieren, begründen**

- **Eine geschichtliche Entwicklung darstellen**
  Ein Blick zurück ... zeigt ... / Bereits die 7. Auflage ... wurde ... / Diese Entwicklung setzte sich mit ... fort. / Während für den Osten ... war für den Westen ... / Einen Einschnitt markiert ... / 2017 schließlich ...
- **Gründe erläutern**
  Die Gründe für ... liegen in ...
  Lasst mich das an einigen Beispielen verdeutlichen: ...
  Dies hängt damit zusammen, dass ...
  Dabei kann man unterscheiden zwischen ... und ...
  Ein weiterer Grund für ... ist ...
- **Eine Einschätzung begründen**
  Aufgrund der ... wird der DUDEN zu einem Spiegel für ... / Dass der DUDEN ein ... ist, liegt daran, dass ... / Weil der DUDEN ..., wird er zu ... / Der DUDEN ist ... Daraus folgt, dass er ...

Tipp **Einen Schluss formulieren**

Abhängig von der Aufgabenstellung bieten sich zum Schlussteil des Textes z. B. folgende Möglichkeiten an:

- einen **Rückbezug auf** die **Einleitung** herstellen (Rahmenstruktur), z. B. auch erneute Leseransprache,
- eine **Zusammenfassung** / ein **Fazit** formulieren,
- einen **Ausblick** geben,
- eine abschließende **Empfehlung** oder einen **Appell** formulieren.

9 Schreiben Sie den Schluss Ihres Schülerzeitungsartikels in Ihre Kursmappe.

10 Geben Sie Ihrem Artikel einen ansprechenden und treffenden Titel.

2.5 Fünfter Schritt: Den eigenen Text überarbeiten

1 a Kreuzen Sie an, welche vier Fehler im folgenden Klausurabschnitt gemacht wurden. Markieren Sie die Fehler im Text.

- ☐ a Die Informationsquelle wird nicht kurz vorgestellt.
- ☐ b Der Text ist nicht ausreichend sachlich formuliert.
- ☐ c Textstellen passen nicht zum Thema.
- ☐ d Der Text enthält überflüssige Informationen.
- ☐ e Informationen aus den Materialien werden nicht mit eigenen Worten wiedergegeben.

VORSICHT FEHLER!

Umfrageergebnisse zeigen, dass die Nutzer die Ausweitung des Wortbestandes im DUDEN allerdings eher für Schwachsinn halten. Gefragt wurde nach dem Bekanntheitsgrad einiger neu aufgenommener Wörter und danach, ob die Befragten meinen, dass folgende Wörter zu Recht in den Duden aufgenommen wurden: „Hygge", „Social Bot", „futschikato", „Honk", „Flexitarier", „queer", „Kopftuchstreit", „Schmähgedicht", „Emoji", „runterwürgen" und „Selfie". Die Umfrage ergab, dass zwar fast alle der Wörter mindestens drei Vierteln der Befragten bekannt waren, dass die Aufnahme ins Wörterbuch bei den meisten Wörtern aber nicht befürwortet wurde.

b Überarbeiten Sie den Text in Ihrer Kursmappe.

2 Überarbeiten Sie Ihren eigenen Text mit Hilfe der folgenden Checkliste.

Checkliste **Materialgestützt einen Text verfassen**

- Habe ich **alle relevanten Informationen** zum Thema aufgenommen und korrekt wiedergegeben?
- Habe ich **Aspekte** und **Informationen weggelassen,** die **nicht** für die Aufgabenstellung **relevant** sind?
- Habe ich wo sinnvoll **zusätzliches Wissen** ergänzt?
- Habe ich wo nötig die **Informationsquellen** kurz **vorgestellt** und **korrekt zitiert bzw. paraphrasiert?**
- Hat der Text eine treffende und ansprechende **Überschrift?**
- Gliedert sich der Text in **Einleitung, Hauptteil** und **Schluss?**
- Habe ich eine **klare gedankliche Struktur** entwickelt? Wird sie durch die **sprachliche Gestaltung** deutlich?
- Ist der Text **sachlich** formuliert und dem **Schreibziel** sowie dem **Adressatenkreis** angepasst?
- Ist der Text **sprachlich richtig** (Rechtschreibung, Grammatik, Zeichensetzung)?

3 Notieren Sie drei Aspekte, auf die Sie beim Schreiben Ihrer nächsten Klausur besonders achten möchten.

____

____

____

3 Materialgestütztes Verfassen eines informierenden argumentativen Textes (Aufgabenart IV)

Aufgabenbeispiel

1. An Ihrer Schule sollen im kommenden Schuljahr zum ersten Mal Schülerinnen und Schüler mit Behinderung aufgenommen werden. Aus diesem Anlass wird an Ihrer Schule eine Informationsbroschüre zum Thema *Inklusion* erstellt. Sie wurden gebeten, Ihre Mitschülerinnen und Mitschüler darin über diskriminierungsfreien Sprachgebrauch im Hinblick auf Menschen mit Behinderung zu informieren.

   Verfassen Sie zu diesem Thema auf Grundlage der Materialien 1 bis 5 und Ihrer Kenntnisse aus dem Unterricht einen informierenden Textbeitrag, in dem Sie
   - die Sprachentwicklung hin zum Begriff „Menschen mit Behinderung" und deren Ursachen beschreiben,
   - anhand ausgewählter Beispiele die Notwendigkeit eines diskriminierungsfreien Sprachgebrauchs im Umgang mit behinderten Menschen begründen,
   - mögliche Schwierigkeiten beim Finden geeigneter diskriminierungsfreier Begriffe erläutern.

   (45 Punkte)

M1 **Begriffe über Behinderung von A bis Z** (2017)

„Behindert", „anders begabt", „besonders befähigt"... Was sagt man heutzutage und was ist beleidigend? Wir[1] haben einige Begriffe zur Beschreibung von behinderten Menschen gesammelt. Eins schon mal vorab: Wenn ihr euch unsicher seid, fragt die Person selbst, wie sie gerne benannt werden möchte!

Behinderter Mensch, Mensch mit Behinderung
„Darf ich Sie ‚behindert' nennen?" Diese Frage ist für viele behinderte Menschen Alltag. Seitdem Teenager sie auf Schulhöfen als Schimpfwörter benutzen, sind die Worte „Behinderung" und „behindert" in Verruf geraten. Zu Unrecht, denn für viele behinderte Menschen ist es eine neutrale Beschreibung eines Merkmals. Wichtig ist nur das Wort „Mensch", da mit dem Begriff „Behinderte" das Bild einer festen Gruppe entsteht, die in Wirklichkeit vielfältig ist. „Der/die Behinderte" reduziert die Person auf ein Merkmal, das alle anderen Eigenschaften dominiert. Das ist auch der Fall, wenn von „den Blinden" oder „den Gehörlosen" die Rede ist.

„Geistige Behinderung"
Der Begriff „geistige Behinderung" ist momentan umstritten. Vielen gilt er nach wie vor als neutrale Bezeichnung für Menschen, die große Probleme mit dem Lernen und Schwierigkeiten haben, abstrakte Dinge schnell zu verstehen. Viele der so bezeichneten Menschen aber lehnen den Begriff „geistige Behinderung" ab und nennen sich lieber „Mensch mit Lernschwierigkeiten". Sie finden, dass nicht ihr „Geist" behindert ist und dass „geistige Behinderung" sie als ganzen Menschen schlechtmacht. [...] Auch „Mongo" und „mongoloid" ist veraltet und diskriminierend: zum einen behindertenfeindlich gegenüber Menschen mit Trisomie 21 / Down-Syndrom; zum anderen rassistisch, da es eine Anspielung auf die angeblich „asiatische" Augenform von Menschen mit Trisomie 21 ist.

Menschen mit Handicap
In Deutschland wird der Ausdruck „Menschen mit Handicap" oft rein euphemistisch gebraucht, als Ersatz für „Menschen mit Behinderung". Bei Nutzung des Wortes kann die Gefahr bestehen, dass das soziale Modell der Behinderung außer Acht gelassen wird. Dieses besagt, eine Person ist nicht nur behindert, sondern wird auch durch die Umwelt behindert (durch Vorurteile, Stufen, fehlende Untertitel usw.).

1 **Wir ...:** Das Projekt Leidmedien.de des Vereins SOZIALHELDEN wurde 2012 zu den Paralympics in London gegründet, um Journalistinnen und Journalisten Tipps für eine Berichterstattung über behinderte Menschen auf Augenhöhe zu geben.

Mensch mit besonderen Fähigkeiten oder Bedürfnissen
Da viele befürchten, allein mit dem Wort „Behinderung" zu beleidigen oder zu stigmatisieren, hat sich eine Reihe von beschönigenden Alternativ-Ausdrücken, wie z. B. „besondere Bedürfnisse" oder „andersfähig" etabliert. Ganz abgesehen davon, dass nur wenige behinderte Menschen selbst diese Ausdrücke gebrauchen: Sie treffen einfach nicht zu. Die Fähigkeiten und Bedürfnisse behinderter Menschen sind nicht „besonders", sondern genauso vielfältig wie die nicht behinderter Menschen.

„Spast", „Spacko" und „Wasserkopf"
Solche Ausdrücke lösen negative Assoziationen aus, und auch der „Spast" hält schnell bei einem Wutausbruch hin und ist immer abwertend gemeint. Vielen behinderten Menschen ist daher eine neutrale Bezeichnung lieber, zum Beispiel der Fachausdruck. Der Mensch mit „Wasserkopf" wird so zum Menschen mit „Hydrocephalus" und der „Spastiker" zum Menschen mit „Cerebralparese".

(aus: http://leidmedien.de)

M2 **Formulierungshilfen zum sprachlichen Umgang mit behinderten Menschen** (2016)

Bitte vermeiden:	Bitte besser so formulieren:
an den Rollstuhl gefesselt	Person XY sitzt, benutzt oder fährt Rollstuhl, ist auf den Rollstuhl angewiesen oder im Rollstuhl unterwegs.
Person XY leidet an ...	Person XY hat die Behinderung ABC oder lebt mit Krankheit ABC.
der/die Behinderte, die Behinderten	Mensch mit Behinderung oder behinderter Mensch
Handicap, gehandicapt	Behinderung, behindert
invalide, schwerbeschädigt	behindert
gesund oder normal vs. krank	nichtbehindert vs. behindert
das Leben oder die Behinderung „meistern"	mit der Behinderung leben
trotz seiner/ihrer Behinderung	mit seiner/ihrer Behinderung
sehgeschädigt, Sehschwäche	sehbeeinträchtigt, sehbehindert
taubstumm, hörgeschädigt, Zeichensprache, Gebärdendolmetscher	taub, gehörlos, schwerhörig, hörbehindert, Gebärdensprache, Gebärdensprachdolmetscher
„Sorgenkind", „Schutzling", „Du" statt „Sie"	Nehmen Sie die Person ernst.
geistige Behinderung, geistig behindert	Mensch mit Lernschwierigkeiten, kognitiv beeinträchtigt
Mongoloismus, mongoloid, Downie	Mensch mit Trisomie 21, Mensch mit Down-Syndrom
Pflegefall	Mensch mit Assistenzbedarf
Zwerg, Liliputaner	kleinwüchsiger Mensch
Autist/-in	Mensch mit Autismus
psychisch krank, psychisch gestört, geisteskrank	psychisch beeinträchtigt, Psychiatrie-Erfahrene

Vermeiden Sie ebenfalls Beschreibungen, in denen jemand „Opfer" von etwas ist oder „tapfer sein Schicksal erträgt", und richten Sie den Blick nicht nur auf das, was „anders" an einer Person ist oder was sie alles nicht kann. All das zeigt eine hauptsächlich defizitäre Sichtweise. Vermeiden Sie aus demselben Grund außerdem, behinderten Menschen im Zusammenhang mit alltäglichen Dingen eine besondere „Lebensfreude" oder einen besonderen „Lebensmut" zu attestieren.

(aus: http://leidmedien.de/)

M3

(aus: http://leidmedien.de/)

M4 Monique de Cleur: **Vom „Krüppel" zum „Mensch mit Behinderung"** (2011)

Menschen mit Behinderung hießen früher „Krüppel". Sonderschulen werden jetzt Förderschulen genannt. Bis zur politischen Korrektheit war es ein langer Weg.

Früher hießen sie „Krüppel", „Blöde", „Siechen", heute sprechen wir von „Menschen mit Behinderung". Der Bielefelder Historiker Prof. Hans-Walter Schmuhl hat die Begriffe durch die Geschichte zurückverfolgt und hält der Gesellschaft den Sprachspiegel vor.

Der Weg bis zur heutigen politischen Korrektheit lässt sich nur mit vielem Hin- und Herblättern im Duden nachvollziehen. Dabei ist der Begriff „Behinderung" noch jung: Erst nach dem Ersten Weltkrieg fand er Eingang in den Sprachgebrauch. „Vorher gab es nur diskriminierende Bezeichnungen: Krüppel, Blöde, Irre", blickt Schmuhl zurück. Doch „im Krieg wurden so viele Menschen verstümmelt", dass die Orthopäden ein neues Wort für diese Patienten prägten: „Kriegskrüppel".

Dagegen wehrte sich ab 1919/1920 die erste Selbsthilfegruppe für „Behinderte" und „Körperbehinderte". Diese Ausdrücke konnten sich allerdings nicht durchsetzen; in Ämtern und vor dem Gesetz galten diese Menschen weiterhin als „Krüppel". Ausgerechnet das Dritte Reich milderte ab zu „behindert": Die Situation auf dem Arbeitsmarkt war so angespannt, dass die Nazis sich einen Verzicht auf die „wertvolle Arbeitsreserve" nicht leisten konnten, resümiert Schmuhl. Wer allerdings nicht arbeiten konnte, galt als „unverbesserliches Menschenmaterial" und wurde euthanasiert statt integriert. 275 000 Menschen verlieren bis 1945 ihr Leben. So lautet später die Anklage während der Nürnberger Prozesse.

In den 1950er-Jahren setzte sich zunächst „körperbehindert" durch. Erst seit den späten 1960er-Jahren ist „behindert" etabliert. Vierzig Jahre brauchte die Entwicklung weg von „Krüppeln" hin zu „Behinderten". Sie deutet laut Schmuhl auf einen Gesinnungswandel hin: Statt sie wie früher „in einer Parallelwelt zu verwahren", werden Betroffene nun integriert.

Obwohl zwischen „Behinderten" und dem heutigen „Menschen mit Behinderung" auf den ersten Blick nur ein paar Buchstaben liegen, sieht Schmuhl darin einen großen Unterschied: Beim politisch korrekten Ausdruck steht der Mensch im Vordergrund; nicht seine Behinderung. Sie ist nur noch ein Aspekt von vielen, die ihn definieren. „Der Begriff soll zum Ausdruck bringen, dass diese Menschen sich nicht auf ihre Behinderung reduzieren lassen."

An seinem Ende angelangt ist der sprachliche Wandel noch nicht. „Geistig behindert" könnte als Nächstes aus Büchern und Zeitungen verschwinden. Stattdessen wäre dort dann die Rede von „Menschen mit Lernschwierigkeiten" – „entsprechende Bestrebungen gibt es". Die Umbenennungen beschränken sich nicht auf Menschen: Wo Kinder früher auf die „Sonderschule" geschickt wurden, besuchen sie heute eine „Förderschule mit Schwerpunkt geistige Entwicklung". Diese verbale Entschärfung hat einen Preis: „Sprachlich wird das Ganze immer sperriger."

„Krüppel" oder „Irrer" nimmt heute nur noch in den Mund, wer provozieren will – oder es nicht besser weiß. „Menschen mit Behinderung" gilt als politisch korrekt. Doch lässt sich, was der Ausdruck beschreiben will, überhaupt in Worte fassen, ohne zu diskriminieren? „Das ist die Frage", gibt Schmuhl zu. „Eine Begrifflichkeit schafft immer Abgrenzungen."

(aus: https://www.waz.de)

M5 Iris Forster[1]: **Political Correctness / Politische Korrektheit** (2010)

Immer wieder werden neue Sprachreglementierungen gefordert und begründet. Doch nicht selten führt die vermeintlich „politische Korrektheit" der Sprache zu Unklarheit, Widersprüchen und neuen Verständigungsproblemen.

In einem alten englischen Kindervers heißt es tröstend: „Sticks and stones may hurt my bones, but words can never harm me."[2] Die Verfechter einer „politisch korrekten" Sprache würden sich einer solchen Auffassung nicht anschließen. Sie argumentieren, „Worte" – also die Sprache – könnten in bestimmten Situationen ein weitaus wirkungsmächtigeres Instrument als physische Gewalt sein. Sprache spiegle nicht nur die Weltsicht des jeweiligen Sprechers wider, sondern darüber hinaus lasse sich über „Worte" sogar eine bestimmte Weltsicht konstruieren. Diese bestimme wiederum konkretes politisches Handeln im Alltag. Als „politically correct" und damit wünschenswert wird eine Sprachverwendung tituliert, bei der die Sprecher einen aktuellen Sprachgebrauch auf Grundlage bestimmter Normen kritisch hinterfragen. Mit Blick auf die gesellschaftlichen Verhältnisse sowie auf historische Verwendungszusammenhänge können dann einzelne Wörter, Redewendungen oder Denkfiguren als unangemessen verworfen und gegebenenfalls durch Alternativen ersetzt werden. [...]

Unbestritten ist, dass sich die neuen, „politisch korrekten" Ersatzausdrücke abnutzen können, wenn sich die negative Konnotation nach einer Weile auch auf die Neubildung überträgt. Dies kann zu einer fortwährenden Neuschöpfung führen: Ein US-amerikanisches Beispiel ist hier die Kette *Negros – black people – coloured people – African-Americans* für Menschen mit einer dunklen Hautfarbe (ähnlich für den deutschen Sprachraum *Neger – Schwarze – Farbige – Afro-Amerikaner*). Aus sprachwissenschaftlicher Sicht geschieht dabei Folgendes: *Negros/Neger,* das sich vom lateinischen Wort *niger = schwarz* herleitet, wird (wohl wegen seines Anklangs an das Schimpfwort *Nigger*) ersetzt durch die direkte Übersetzung ins Englische bzw. Deutsche und ist am Anfang tatsächlich ganz neutral beschreibend (deskriptiv). Bei *coloured people / Farbige* steht zwar noch das Merkmal „Hautfarbe" im Vordergrund, die Formulierung ist jedoch viel weiter und schließt damit zumindest theoretisch auch Menschen anderer Hautfarbe ein. *African-Americans / Afro-Amerikaner* geht ganz weg von der Hautfarbe und bestimmt die benannte Gruppe über die Herkunft. Ein deutsches Beispiel für „Euphemismenketten" sind die schwer erziehbaren Kinder, die in offiziellen Kontexten zu verhaltensgestörten Kindern, dann verhaltensauffälligen Kindern und schließlich verhaltensoriginellen Kindern werden. Das Verhalten der Kinder erscheint zunächst als eindeutig negativ klassifiziert, dann ist es nur noch „auffällig" (hier bleibt ungesagt, in welche Richtung), und schließlich bietet „verhaltensoriginell" sogar positive Konnotationen.

Ein „politisch korrekter" Sprachgebrauch kann im Konflikt mit grundlegenden erstrebenswerten Sprachregeln wie den Regeln der Sprachökonomie, der Verständlichkeit oder der Korrektheit stehen. Tatsächlich fällt auf, dass die Ersatzausdrücke zumeist länger als die Ersetzung sind. Und durch die Auslassung prägnanter Formulierungen (an denen in der Regel die Diskriminierung festgemacht wird, sodass der entsprechende Sachverhalt entweder umschrieben oder ausgelassen wird) sind sie meist auch schwerer verständlich: Setzt man für „behindertes Kind" das „besondere Kind" ein, bleibt der Ersatzausdruck so vage, dass für den Kommunikationszusammenhang wichtige Informationen fehlen können.

(aus: http://www.bpb.de)

1 **Iris Forster:** Dr. Iris Forster ist wissenschaftliche Mitarbeiterin im Institut für Germanistik (Abteilung Germanistische Sprachwissenschaft) an der Technischen Universität Braunschweig.

2 **Sticks and stones ...:** Stöcke und Steine können mich verletzen, aber Worte können mir nichts anhaben.

3.1 Erster Schritt: Die Aufgabenstellung verstehen

1 Lesen Sie die Aufgabenstellung (▸ S. 26) aufmerksam durch.

a Unterstreichen Sie, was Sie im ersten Teil der Aufgabenstellung über folgende Aspekte erfahren:
- Anlass und Ziel des Textes, den Sie schreiben sollen,
- Thema des Textes,
- Textsorte,
- Adressaten des Textes.

b Markieren Sie im zweiten Teil der Aufgabenstellung in drei verschiedenen Farben die drei inhaltlichen Aspekte, auf die Sie in Ihrem Text eingehen sollen, und die dazugehörigen Operatoren (▸ Information S. 18).

2 Erläutern Sie, was in den vorwiegend informierenden und was in den vorwiegend argumentierenden Teil Ihres Textes gehört. Berücksichtigen Sie dabei die Operatoren der Aufgabenstellung.

In den vorwiegend informierenden Teil des Textes gehören ____________________

____

In den vorwiegend argumentierenden Teil des Textes gehören ____________________

____

3 Beim Planen und Schreiben des informierenden Textes ist es wichtig, den Anlass und die Adressaten stets im Blick zu behalten. Überlegen Sie mit Hilfe der folgenden Fragen, welche Bedeutung diese für Ihren Text haben.

a Was bedeutet es für Ihre Mitschülerinnen und Mitschüler, dass im kommenden Schuljahr Schülerinnen und Schüler mit Behinderung auf die Schule gehen?

– evtl. Verunsicherung, weil ____________________

____

____

b Warum ist der sprachlich angemessene Umgang mit den neuen Schülerinnen und Schülern der Schule ein wichtiges Anliegen?

– Die neuen Schülerinnen und Schüler sollen ____________________

____

____

c Warum sollen Ihre Mitschülerinnen und Mitschüler auch über die Sprachentwicklung und deren Ursachen sowie über mögliche Schwierigkeiten bei der Suche nach geeigneten diskriminierungsfreien Begriffen informiert werden?

– Informationen zur Sprachentwicklung sind wichtig/interessant, weil ____________________

____

____

– Mögliche Schwierigkeiten beim Finden geeigneter diskriminierungsfreier Begriffe sind wichtig/interessant, weil ____________________

____

____

3.2 Zweiter Schritt: Erstes Textverständnis und Ideen formulieren

1 Halten Sie in einem Cluster Ihr Vorwissen zu den Themen „Menschen mit Behinderung“ und „diskriminierungsfreier Sprachgebrauch“ fest. Überlegen Sie dabei auch, wie diese beiden Themen zusammenhängen.
Tipp: Informationen zu diskriminierungsfreiem Sprachgebrauch finden Sie in diesem Arbeitsheft auf S. 12.

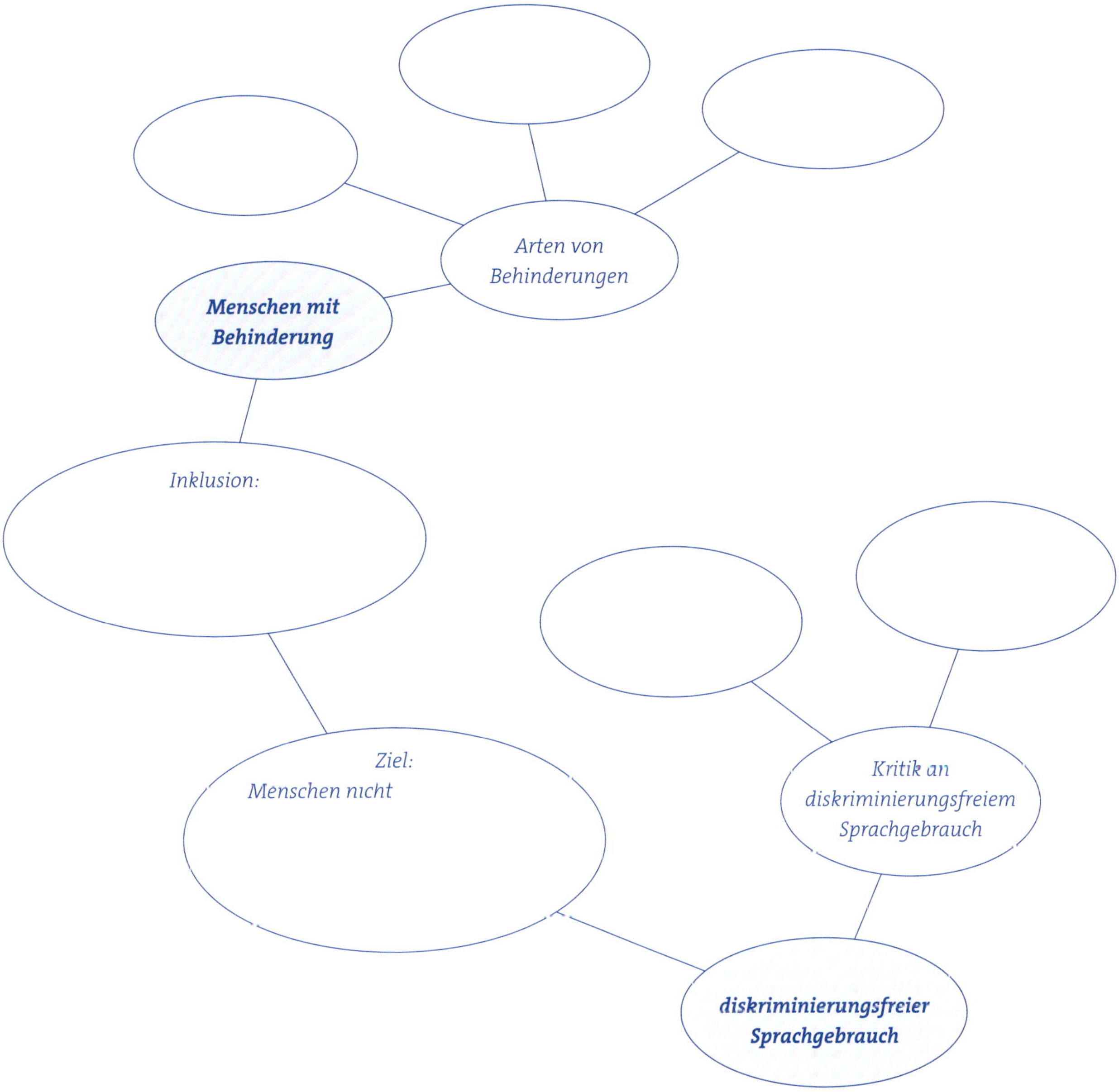

2 Verschaffen Sie sich einen ersten Überblick über die Materialien M1 bis M5, indem Sie die Texte überfliegen und sich die Tabelle und das Plakat anschauen. Notieren Sie, in welchen Materialien Sie vermutlich Informationen zu welchen der drei in der Aufgabenstellung genannten Aspekte finden.

– *Sprachentwicklung und deren Ursachen:* ______________________________

____

– *Argumente und Beispiele für die Notwendigkeit diskriminierungsfreien Sprachgebrauchs:* ______________________________

____

– *mögliche Schwierigkeiten beim Finden geeigneter diskriminierungsfreier Begriffe:* ______________________________

____

3.3 Dritter Schritt: Die Materialien gezielt lesen

1 Lesen Sie die Materialien gezielt.
Markieren Sie in den drei von Ihnen gewählten Farben (▶ S. 30, Aufgabe 1 b) die Informationen
- zur Sprachentwicklung und deren Ursachen,
- zur Notwendigkeit diskriminierungsfreien Sprachgebrauchs im Umgang mit behinderten Menschen,
- zu möglichen Schwierigkeiten beim Finden geeigneter diskriminierungsfreier Begriffe.

Nutzen Sie den Rand neben den Materialien für Notizen. Hier können Sie z. B. Informationen mit eigenen Worten zusammenfassen oder Beziehungen zu anderen Materialien herstellen.

2 Ordnen Sie die Informationen zur Sprachentwicklung und deren Ursachen aus M4 in die folgende Tabelle ein.
Tipp: In der Klausursituation ist oft keine Zeit für eine ausführliche schriftliche Textauswertung, wie die folgende Tabelle sie vorsieht. Sie erledigen die strukturierte Textauswertung dann teils im Kopf, teils mit Hilfe knapper Notizen sowie Markierungen in den Materialien.

	ursprüngliche Bezeichnung	**Anlass der Veränderung**	**neue Bezeichnung**
vor dem Ersten Weltkrieg	*„Krüppel",*	*Viele Soldaten wurden*	
nach dem Ersten Weltkrieg			
während des Dritten Reichs			
von den 1950er-Jahren bis heute			

Fazit – Intention der heute gebräuchlichen Bezeichnung „Mensch mit Behinderung":

3 Alle Materialien enthalten Informationen zur Notwendigkeit diskriminierungsfreien Sprachgebrauchs und/oder zu möglichen Schwierigkeiten beim Finden diskriminierungsfreier Begriffe. Machen Sie sich klar, in welcher Beziehung die Materialien stehen. Vervollständigen Sie dazu die folgenden Sätze. Nutzen Sie z. B. diese Verben: *übereinstimmen, (sich) ergänzen, (sich) widersprechen, zusammenpassen, veranschaulichen, konkretisieren, illustrieren.*

Die Informationen zur Notwendigkeit diskriminierungsfreien Sprachgebrauchs in M1, M4 und M5 __________

Die Tabelle M2 __________

Das Plakat M3 __________

Die Informationen zu möglichen Schwierigkeiten in M1, M4 und M5 __________

4 In den Materialien sind auch Informationen enthalten, die laut Aufgabenstellung für Ihren Text nicht relevant sind. Erläutern Sie dies an einem Beispiel.

Die Informationen zu __________ *in M* ____

sind für meinen Text nicht relevant, weil __________

5 Notieren Sie mit Hilfe der Materialien und Ihres Vorwissens aus dem Unterricht drei Argumente für diskriminierungsfreien Sprachgebrauch. Wählen Sie ein oder mehrere Beispiele aus, die die Argumente stützen.

Argument 1: Bestimmte Ausdrücke lösen negative Assoziationen aus, werden genutzt als	*Beispiel(e): nicht „Spast", sondern*
Argument 2:	*Beispiel(e):*
Argument 3:	*Beispiel(e):*

6 Halten Sie mit Hilfe der Materialien und Ihres Vorwissens aus dem Unterricht fest, welche Schwierigkeiten mit dem Finden geeigneter diskriminierungsfreier Begriffe verbunden sind. Tragen Sie Ihre Ergebnisse in die folgende Tabelle ein.
Tipp: In der Klausursituation ist oft keine Zeit für eine ausführliche schriftliche Textauswertung, wie die folgende Tabelle sie vorsieht. Sie erledigen die strukturierte Textauswertung dann teils im Kopf, teils mit Hilfe knapper Notizen sowie Markierungen in den Materialien.

Schwierigkeiten	Beispiele aus den Materialien
Beschönigende Begriffe sind ungenau bzw. unzutreffend.	*„besondere Bedürfnisse“*

3.4 Vierter Schritt: Den Schreibplan erstellen und schreiben

1 a Lesen Sie den Methodenkasten auf S. 21.
Prüfen Sie, ob die Aufgabenstellung eine Hilfe für die Gliederung Ihres Textes gibt.
b Erstellen Sie einen Schreibplan für Ihren Text. Ordnen Sie dazu die Begriffe aus dem Wortspeicher in die folgende Übersicht über die Abschnitte Ihres Textes ein. Wählen Sie eine sinnvolle Reihenfolge.

Argumente für die Notwendigkeit eines diskriminierungsfreien Sprachgebrauchs • Interesse wecken • Thema und Absicht des Beitrags • Beispiele für die richtige Ansprache von Menschen mit Behinderung • sprachgeschichtlicher Wandel und dessen Ursachen • abschließende Empfehlung oder Appell • Schwierigkeiten beim Finden geeigneter diskriminierungsfreier Begriffe • Anlass des Beitrags

Einleitung

– *Interesse wecken* ____________________

– ____________________

– ____________________

Hauptteil

– ____________________

– ____________________

– ____________________

– ____________________

Schluss

____

2 Verfassen Sie nun Ihren informierenden Text für die Informationsbroschüre. Nutzen Sie hierfür Ihre Vorarbeiten. Arbeiten Sie in Ihrer Kursmappe.

Tipp **Eine Einleitung formulieren**

Die Einleitung Ihres Textes sollte
- das **Interesse** der Leserin / des Lesers wecken,
- den **Anlass** Ihres Beitrags nennen,
- das **Thema** und die **Absicht** des Textes nennen (z. B. informieren, überzeugen, appellieren ...).

a Verfassen Sie eine Einleitung für Ihren Beitrag. Berücksichtigen Sie die Hinweise im Tippkasten. Sie können die folgenden Formulierungsbausteine verwenden.

Formulierungsbausteine

- *Unsere Schule hat sich dafür entschieden ... / Sicher habt ihr schon gehört, dass an unserer Schule ...*
- *Für uns alle stellt sich nun die Frage ... / Vielleicht habt ihr euch auch schon gefragt, ... / Sicher ist es auch euer Anliegen, ...*
- *In diesem Artikel ... beschäftige ich mich daher mit ... / Thema des Artikels ist daher ...*
- *Ich möchte euch dabei informieren über ... / Folgende Themen möchte ich aufgreifen: ...*

b Verfassen Sie auf Grundlage Ihrer Vorarbeiten den Hauptteil Ihres Textes.
Verbinden Sie mit Hilfe der Formulierungsbausteine Ihre Informationen und Argumente sinnvoll miteinander. Denken Sie auch daran, Ihre Informationsquellen kurz vorzustellen, wenn Sie Informationen oder Argumente in indirekter Rede oder als Zitat wiedergeben (▸ Information S. 24).

Formulierungsbausteine **Einen informierenden argumentativen Text verfassen**

- **Informieren (Sprachentwicklung beschreiben):**
  Als Ursache für den Wandel des Begriffs ... kann genannt werden ...
  Als Reaktion auf ... folgte ...
  Am Ende dieser Entwicklung steht ...
  Der Begriff ... verfolgt die Intention, ...
- **Argumentieren (für diskriminierungsfreie Sprache):**
  Ich vertrete im Hinblick auf diese Frage die Ansicht, dass ...
  Für diskriminierungsfreien Sprachgebrauch im Hinblick auf ... sprechen ...
  Dieses Argument zeigt die Notwendigkeit, ...
  Die genannten Argumente sprechen dafür, dass ...
  Die aufgeführten Beispiele zeigen ...
  Für einen diskriminierungsfreien Sprachgebrauch spricht auch ...
  Beispielsweise ... / Zum Beispiel ...
  Zudem ist es von Bedeutung, dass ...
  Hinzu kommt, dass ...
  Erinnert sei auch an ...
  Am wichtigsten ist sicher das Argument, dass ...
- **Informieren (Schwierigkeiten erläutern):**
  Bei der Suche nach diskriminierungsfreien Begriffen ergeben sich aber auch Schwierigkeiten. Zum Beispiel ...
  In diesem Kontext ist zu beachten, dass ...
  In diesem Zusammenhang muss berücksichtigt werden, dass ...
  Man muss allerdings auch im Blick behalten, ...
  Um dies zu vermeiden / Um dies zu unterstützen, ...
  Außerdem sollte man bedenken, dass ...

Tipp **Einen Schluss formulieren**

Für den Schlussteil Ihres Textes bieten sich folgende Möglichkeiten an:
- einen **Rückbezug** auf die **Einleitung** herstellen (Rahmenstruktur), z. B. auch erneute Leseransprache,
- eine **Zusammenfassung** / ein **Fazit** formulieren,
- einen **Ausblick** geben,
- eine abschließende **Empfehlung** oder einen **Appell** formulieren.

c Formulieren Sie am Schluss ein Fazit mit einer Empfehlung oder einem Appell an Ihre Mitschülerinnen und Mitschüler, im Umgang mit behinderten Schülerinnen und Schülern auf einen diskriminierungsfreien Sprachgebrauch zu achten. Die folgenden Formulierungsbausteine helfen Ihnen dabei.

Formulierungsbausteine

- *Abschließend/Zuletzt möchte ich darauf hinweisen, dass wir im Umgang mit unseren neuen Mitschülerinnen und Mitschülern ...*
- *Es ist mir wichtig, abschließend deutlich zu machen, dass diskriminierungsfreie Sprache ...*
- *Zusammenfassend lässt sich festhalten, dass Menschen mit Behinderung ...*
- *Auf jeden Fall wäre wünschenswert, dass wir alle ...*
- *Wir alle sind gefordert, wenn es darum geht, ...*

d Formulieren Sie eine interessante und treffende Überschrift.

3.5 Fünfter Schritt: Den eigenen Text überarbeiten

1 a Kreuzen Sie an, welche vier Fehler im folgenden Klausurabschnitt gemacht wurden. Markieren Sie die Fehler im Text.

- [ ] Die Argumente werden nicht durch passende Beispiele gestützt.
- [ ] Der Text ist nicht an allen Stellen sachlich formuliert.
- [ ] Der Text ist nicht mit eigenen Worten formuliert.
- [ ] Ein Aspekt ist für das Thema nicht relevant.
- [ ] Der Text ist nicht an allen Stellen für die Mitschülerinnen und Mitschüler verständlich.
- [ ] Die Informationsquelle wird nicht kurz vorgestellt.

VORSICHT FEHLER!

Als „politically correct" und damit wünschenswert wird eine Sprachverwendung tituliert, bei der die Sprecher einen aktuellen Sprachgebrauch auf Grundlage bestimmter Normen kritisch hinterfragen. Heutzutage werden für Menschen mit Behinderung noch immer Ausdrücke genutzt, die total negativ besetzt sind oder in anderen Kontexten bisweilen sogar als Schimpfwörter verwendet werden. Diese Begriffe, die echt nicht in Ordnung sind, sollte man vermeiden und durch diskriminierungsfreie Begriffe ersetzen. So sagt man laut „leidmedien.de" beispielsweise statt „Spast" „Mensch mit Cerebralparese" und verwendet nicht die Bezeichnung „Wasserkopf", sondern „Mensch mit Hydrocephalus".

b Überarbeiten Sie den Text in Ihrer Kursmappe.

2 Überarbeiten Sie Ihren eigenen Text mit Hilfe der folgenden Checkliste.

Checkliste **Materialgestützt einen Text verfassen**

- Habe ich **alle relevanten Informationen** zum Thema aufgenommen und korrekt wiedergegeben?
- Habe ich den geforderten **Standpunkt** mit Hilfe von **Argumenten** und **Beispielen** überzeugend vertreten?
- Habe ich **Aspekte** und **Informationen weggelassen**, die **nicht** für die Aufgabenstellung **relevant** sind?
- Habe ich wo sinnvoll **zusätzliches Wissen** ergänzt?
- Habe ich wo nötig die **Informationsquellen** kurz **vorgestellt** und **korrekt zitiert bzw. paraphrasiert?**
- Hat der Text eine treffende und ansprechende **Überschrift?**
- Gliedert sich der Text in **Einleitung, Hauptteil** und **Schluss?**
- Habe ich eine **klare gedankliche Struktur** entwickelt?
- Wird sie durch die **sprachliche Gestaltung** deutlich?
- Ist der Text **sachlich** formuliert und dem **Schreibziel** sowie dem **Adressatenkreis** angepasst?
- Ist der Text **sprachlich richtig** (Rechtschreibung, Grammatik, Zeichensetzung)?

3 Notieren Sie drei Aspekte, auf die Sie beim Schreiben Ihrer nächsten Klausur besonders achten möchten.

1 Grundlagen: Aspekte der Sprachentwicklung

1.1 Ebenen, Bedingungen und Theorien der Sprachentwicklung

→ S. 4

1 a: Lexik; b: Morphematik; c: Morphematik; d: Morphematik; e: Lexik; f: Syntax; g: Morphematik; h: Morphematik

→ S. 5

1 b

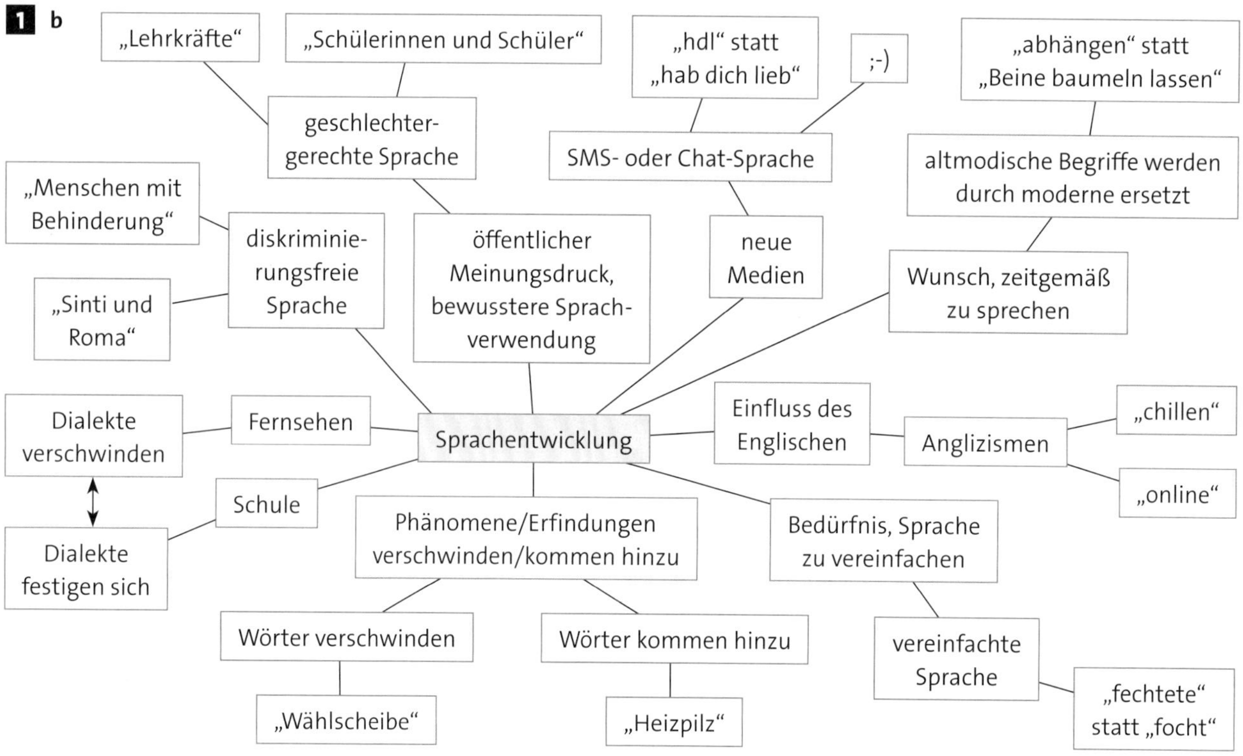

→ S. 6

2

Beispiel	Art der Sprachentwicklung	Bedingung
Flüchtlingskrise, Willkommenskultur, Schmähgedicht, Fake News, postfaktisch	neue Wörter, z. T. Anglizismen	politische Entwicklungen
Selfie, Emoji, Tablet	Anglizismen	technische Neuerungen
Hoodie, Undercut, Jumpsuit	Anglizismen	Entwicklungen in der Mode
Späti, icke	bereits existierende dialektale Begriffe nun vom Duden akzeptiert	Förderung bzw. Beachtung der Dialekte
nicht mehr aufgenommen: Majonäse	eingedeutschte Schreibweisen, die sich nicht durchgesetzt haben, fallen weg	Wunsch, alte Schreibweise beizubehalten

→ S. 7

3 a Die Sprachentwicklung bei den Beispielen, die der Text nennt, vollzieht sich auf der Ebene der Lexik, weil der Duden sich vorwiegend mit der Schreibung einzelner Wörter befasst.

b Die Ebene der Morphematik, dabei vor allem der Wortbildung, wird im Duden ebenfalls regelmäßig berücksichtigt.

c Die Ebene der Syntax wird im Duden kaum berücksichtigt.

4 a
- Neumodische Begriffe aus dem Englischen kommen hinzu, z. B. „Selfie", „Emoji", „Tablet".
- Anglizismen ersetzen deutsche Wörter, z. B. „Hoodie" statt Jacke / Pullover mit Kapuze.
- Dialekte werden auf Kosten des Hochdeutschen gefördert.

b
- Neue Wörter werden entsprechend neuen Phänomenen geschaffen, z. B. „Flüchtlingskrise", „Willkommens-kultur". Sie sind somit notwendig und stellen eine Bereicherung der deutschen Sprache dar.
- Neue Wörter sind Ausdruck moderner Entwicklungen, z. B. in der Mode, wie „Hoodie", „Undercut".
- Eingedeutschte Schreibweisen verschwinden, weil sie niemand verwendet, z. B. „Majonäse".
  Es handelt sich also um einen natürlichen Entwicklungsprozess.

→ S. 8

1 b Die einzelnen Personen möchten auf dem kürzesten Weg zwischen Hauptgebäude, Universitätsbibliothek und Seminargebäude hin- und herlaufen. Deswegen nehmen sie jeweils die Abkürzung über den Rasen.

c Die Trampelpfade waren so nie geplant, deswegen könnte die Verwaltung die Rasenflächen absperren, damit die Menschen nur noch die Pflasterwege benutzen. Diese Maßnahme ist nicht sehr erfolgversprechend, weil einige Menschen diese Absperrung vermutlich überwinden würden.

→ S. 9

2 a Das Diagramm gibt Auskunft über die relative Häufigkeit von Berufsbezeichnungen in Stellenanzeigen in der Zeit von 1950 bis 1995. Bis 1955 wurde nur der Begriff „Putzfrau" verwendet. Dann kamen allmählich die Begriffe „Raumpflegerin" und solche, die „Reinig..." enthalten, hinzu. 1995 lag der Anteil der Bezeichnung „Putzfrau" schließlich bei etwa 25 %, der Anteil von „Raumpflegerin" bei etwa 35 % und der Anteil von Bezeichnungen, die „Reinig..." enthalten, bei etwa 40 %.

b Ab etwa 1960 haben einzelne Personen anstatt des Begriffs „Putzfrau" den Begriff „Raumpflegerin" oder Begriffe mit „Reinig..." verwendet, vermutlich weil ihnen die Begriffe geeigneter oder angemessener erschienen. Die Zahl solcher Personen nahm stetig zu, sodass diese beiden neuen Begriffe sich nun fest etabliert haben.

1.2 Anglizismen

→ S. 10

1 a: Wortentlehnung; b: Scheinanglizismus; c: Lehnübersetzung; d: Scheinanglizismus

2 a Im Fall von „Event" geht es wohl in erster Linie darum, dass das Wort modischer klingt als „Ereignis".

b Bei „Internet" ist es so, dass es tatsächlich keine geeignete deutsche Entsprechung gibt bzw. eine wörtliche Übersetzung wie „Zwischennetz" sehr umständlich wäre.

→ S. 11

3 a Kritik wird relativiert: In der Sprachgeschichte hat sich der Einfluss fremder Sprachen immer von selbst wieder reguliert. Anglizismen fügen sich gut in die grammatische Struktur des Deutschen ein.

b Kritik wird relativiert: Die Zahl der Anglizismen ist gar nicht so groß. Anglizismen treten nur in bestimmten Bereichen (z. B. Wirtschaft, Informationstechnologien) vermehrt auf.

c Kritik: Anglizismen sind für viele Menschen nicht verständlich und grenzen somit ganze Bevölkerungsgruppen aus. Nutzer von Anglizismen wollen damit nur imponieren, modern wirken oder gar etwas verschleiern.

4 Individuelle Lösungen

5 a „Klapprechner" für „Laptop" überzeugt wenig, weil sich der Begriff „Laptop" bereits fest in der deutschen Sprache etabliert hat und auch jeder weiß, was damit gemeint ist.

b „Kundendienst" für „after sales service" ist hingegen ein sinnvoller Vorschlag, weil bei dem Anglizismus sicher viele gar nicht wissen, was damit gemeint ist, und der deutsche Alternativbegriff knapp und verständlich ist.

1.3 Diskriminierungsfreier Sprachgebrauch

→ S. 12

1 Der Verlag hat für seine Entscheidung wohl angeführt, dass er in seinen Kinderbüchern eine diskriminierungsfreie Sprache nutzen möchte. Hinzu kommt die Befürchtung, dass Kinder diskriminierende Begriffe in ihren Sprachgebrauch übernehmen und damit ihre Mitmenschen kränken.

2 Im ersten Textabschnitt kritisiert Zimmer vorwiegend, dass die Bezeichnung für „Psychiatriepatienten" immer wieder durch Alternativen ersetzt wird, wobei die letzte Variante („Menschen mit Psychiatrieerfahrung") zu ungenau bzw. zu positiv konnotiert ist. Im zweiten Abschnitt geht er darauf ein, dass eine politisch korrekte Sprache nicht zwangsläufig das Bewusstsein der Menschen ändert.

3 Man könnte z. B. anführen, dass eine politisch korrekte bzw. diskriminierungsfreie Sprache auch Spiegel eines bereits veränderten Bewusstseins sein kann.

→ S. 13

1 Liebe Lehrkräfte, liebe Eltern, wir laden Sie ganz herzlich zu unserer diesjährigen Theateraufführung am 04. 05. 2018 um 19 Uhr ein. Wer zuschaut, kann sich auf einen spektakulären Bühnenauftritt talentierter Schauspielerinnen und Schauspieler freuen. Die Schülerinnen und Schüler / Das Team der Theater AG

2 a Martin Halter vertritt die These, dass es nicht notwendig ist, im Sinne einer geschlechtergerechten Sprache von „Mitgliederinnen" zu sprechen. Er könnte argumentieren, dass das Wort „das Mitglied" geschlechtsneutral ist.
b Dem könnte man z. B. entgegenhalten, dass weibliche Mitglieder sich bei der Formulierung „Mitglieder" nicht in gleicher Weise angesprochen fühlen wie männliche Mitglieder.

2 Materialgestütztes Verfassen eines informierenden erklärenden Textes

2.1 Erster Schritt: Die Aufgabenstellung verstehen

→ S. 18

1 a Markierungen: mindestens Schlüsselwörter zum **Thema** und zu den drei **Aspekten,** siehe Aufgabe b.
b **Thema:** DUDEN als Spiegel von Sprachwandelprozessen; **Anlass und Ziel:** Neuauflage Duden 2017, Information der Schüler/-innen über das Thema; **Textsorte:** Schülerzeitungsartikel, informierend, sachlich, leicht verständlich, auch etwas unterhaltsam; **Adressaten:** Schüler/-innen, ca. 10–18 Jahre, Erwartungen: Text verständlich, nicht zu trocken, nicht allzu detailliert; **Operatoren:** informieren, darstellen, erläutern, begründen (Erläuterungen s. Tippkasten, S. 18); **Aspekte:** Geschichte des DUDEN hinsichtlich Sprachentwicklung; Gründe für Veränderungen in der aktuellen Auflage anhand von Beispielen; kulturelle Bedeutung des DUDEN als Abbild der Sprachentwicklung

→ S. 19

2 Richtig sind die Antworten b, d, e.

2.2 Zweiter Schritt: Erstes Textverständnis und Ideen formulieren

→ S. 19

1 Individuelle Lösungen

2 M2: kulturelle Bedeutung, Gründe und Beispiele für Veränderungen
M3: Gründe und Beispiele für Veränderungen, kulturelle Bedeutung
M4: Geschichte des DUDEN im Hinblick auf Sprachwandel
M5: Geschichte des DUDEN im Hinblick auf Sprachwandel, kulturelle Bedeutung
M6: Geschichte des DUDEN im Hinblick auf Sprachwandel, kulturelle Bedeutung

2.3 Dritter Schritt: Die Materialien gezielt lesen

→ S. 20

1 Individuelle Lösungen. Thematische Schwerpunkte der Texte s. Aufgabe 2, S. 19.

2 a Die Grafik gibt Auskunft über den Bekanntheitsgrad ausgewählter Wörter, die neu in die aktuelle DUDEN-Ausgabe aufgenommen wurden, und über die Einschätzung von Nutzern, ob die Neuaufnahme sinnvoll ist.
b Quelle des Balkendiagramms ist eine Umfrage des Marktforschungsunternehmens YouGov. Grundlage ist eine Befragung von 1000 Erwachsenen. Die Datengrundlage erscheint ausreichend repräsentativ, um zumindest eine Tendenz zu ermitteln.
c Viele Nutzer finden, dass viele Neuaufnahmen von Wörtern in den DUDEN nicht gerechtfertigt sind. Die Mehrzahl der Einträge, zu denen befragt wurde, werden nur von höchstens einem Drittel der Befragten für sinnvoll gehalten. Die geringste Akzeptanz haben im Durchschnitt weniger bekannte Wörter, wobei selbst das mit nur 8 % Zustimmung am schlechtesten bewertete Wort „Hygge" noch einen relativ hohen Bekanntheitsgrad bei 39 % der Befragten hat.
d Das Diagramm zeigt, dass viele Nutzer vom DUDEN erwarten, dass er nur Wörter aufnimmt, die aus ihrer Sicht eine relativ hohe kulturelle Bedeutung haben. Diese Erwartung steht im Widerspruch zum Anliegen des DUDEN, den Sprachwandel wertfrei abzubilden (vgl. M 1, 2).

→ S. 21

3 Die Grafik informiert darüber, wie sich der Umfang der Worteinträge im Duden geändert hat. Berücksichtigt ist der Zeitraum vom ersten Duden-Wörterbuch 1880 bis hin zur aktuellen Ausgabe 2017. Der Wortbestand hat stets zugenommen. 1880: 27 000 Einträge, 1961: 83 000, seither etwa alle vier Jahre ca. 5 000 Wörter Zuwachs.

2.4 Vierter Schritt: Den Schreibplan erstellen und schreiben

→ S. 21

1 Einteilung in 3 Abschnitte:
1 Geschichte des DUDEN als Spiegel der Sprachentwicklung
2 Ausgewählte Beispiele für Veränderungen in der aktuellen Ausgabe und deren Gründe
3 Kulturelle Bedeutung des DUDEN als Spiegel der Sprachentwicklung

→ S. 22

2

Jahr/Zeitraum	Entwicklung DUDEN
1880	„Urduden", „Vollständiges Orthographisches Wörterbuch der deutschen Sprache" Ziel: einheitliche Regelung der Rechtschreibung
bis 1902 1911 1929	7. Auflage gilt im gesamten deutschen Sprachraum, Wortbestand bereits 36 000 Einträge Tod Konrad Dudens, Wörterbuch nach seinem Tod weitergeführt Titel: „Der große Duden", ca. 66 000 Wörter
NS-Zeit	Aufnahme diskriminierender Wörter wie „Jud" oder „erbgesund"
Deutsche Teilung 1949–1990	ab 1951 zwei Dudenredaktionen Ost- und West-Duden mit unterschiedlichem Wortbestand, z. B. im Osten „Kosmonaut", im Westen „Astronaut", im Osten „Broiler" für Hähnchen
Bundesrepublik 1990 bis heute	1991 „Einheitsduden" weiterhin Zuwachs im Wortbestand von jeweils ca. 5 000 Wörtern alle vier Jahre aktuelle Ausgabe 145 000 Wörter

3 Grund 1: zeitgeschichtliche Entwicklungen in Gesellschaft und Politik.
Beispiele siehe M1, Z. 15–19.
Grund 2: technologische Entwicklung.
Beispiele siehe M1, Z. 20–23.
Grund 3: Änderungen in der Mode.
Beispiele siehe M1, Z. 24–26.
Grund 4: Entwicklungen in der Umgangssprache sowie in der Jugendkultur und -sprache.
Beispiele siehe M1, Z. 27–30.

→ S. 23

4 Beispiellösung:
Begründung 1: Die DUDEN-Redaktion ermittelt die Häufigkeit von Wortverwendungen anhand einer sehr breit angelegten Sammlung zeitgenössischer Texte verschiedener Art. (M1)
Begründung 2: Der DUDEN dokumentiert den Sprachwandel weitgehend ohne Wertung. Der Wortschatz wird abgebildet, wie er ist, nicht wie er aus Sicht der Redaktion sein sollte. (M 1, 2, 3)
Begründung 3: Indem der DUDEN auch eher entlegene, kurzlebige Wörter aufnimmt, wird er zu einer umfassenden Dokumentation des Wortschatzes. (M1, M3)

5
- hin und wieder persönliche Anrede (*ihr* ...)
- eher kurze, leicht verständliche Sätze
- sachlicher Stil, aber nicht allzu trocken
- Reduktion auf das Wichtigste
- Überleitungen zwischen Textabschnitten finden
- gedankliche Zusammenhänge sprachlich verdeutlichen

6 Siehe Beispiellösung zu Aufgabe 8.

→ S. 24

7 Individuelle Lösungen

8 Beispiellösung. Die Ausarbeitung geht über das in einer Klausur Mögliche hinaus.

Hoodie und Hygge – **Der DUDEN informiert über die Sprachentwicklung**	**Überschrift**
Ihr kennt sie alle, diese dicken gelben Bücher, die in den Regalen unserer Klassenzimmer verstauben und die man einfach „Duden" nennt: Herausgekramt werden sie vor allem dann, wenn man nicht weiß, wie ein Wort geschrieben wird.	**Einleitung** Leseransprache
Die gedruckte Ausgabe des DUDEN hat auch heutzutage noch einen großen Einfluss auf die Wahrnehmung der deutschen Sprache, wie das große PresseEcho auf die Veröffentlichung der 27. Auflage im Sommer 2017 zeigt.	aktueller Anlass
Beachtet wurden vor allem die neu aufgenommenen Wörter, darunter z. B. „Selfie", „Hoodie", „entfreunden", „facebooken".	Interesse wecken
Ich will das gelbe Buch in diesem Artikel einmal in neuem Licht betrachten und euch über den DUDEN als Spiegel für Veränderungen in der deutschen Sprache informieren.	Thema
Ein Blick zurück in die Geschichte zeigt, dass der DUDEN ursprünglich erfunden wurde, um die Rechtschreibung des Deutschen zu vereinheitlichen. Dieses Ziel verfolgte der Lehrer Konrad Duden, als er 1880 sein „Vollständiges Orthographisches Wörterbuch der deutschen Sprache" veröffentlichte. Dem Ziel der Vereinheitlichung kam der DUDEN mit seinen weiteren Auflagen immer näher. Schon die 7. Auflage 1902 war bereits im gesamten deutschen Sprachgebiet als verbindlich akzeptiert. Während das Wörterbuch 1880 lediglich 27 000 Worteinträge enthielt, umfasste „Der große Duden" aus dem Jahr 1929 bereits 66 000 Einträge. Seit den 1960er-Jahren kamen etwa alle vier Jahre ca. 5 000 Wörter hinzu, sodass die 27. Auflage stolze 145 000 Wörter aufweist.	**Hauptteil** **Aspekt I:** **Geschichte** Anfänge und Allgemeines: Ziel des DUDEN Überblick über Entwicklung des Wortbestandes
Dabei schlägt sich die Zeitgeschichte im Wörterbuch nieder. So fanden sich in der Nazizeit z. B. diskriminierende Wörter wie „Jud" oder „erbgesund" im Nachschlagewerk.	NS-Zeit
Mit der deutschen Teilung (1949–1990) spaltete sich 1951 auch die DUDEN-Redaktion, und der unterschiedliche Sprachgebrauch von „Ossis" und „Wessis" fand Eingang in die Wörterbücher. Während für den Osten Kosmonauten ins All flogen, starteten für den Westen Astronauten zum Mond.	deutsche Teilung
Die Wiedervereinigung war 1991 mit dem „Einheitsduden" auch sprachlich beschlossene Sache, mit der DDR wurden auch Wörter wie „Bruderland" (für die Sowjetunion) Geschichte.	Wiedervereinigung
Einen weiteren Einschnitt markiert die zur Rechtschreibreform 1996 erschienene 21. Auflage. Nun existierte eine offizielle amtliche Regelung der Rechtschreibung, unabhängig vom DUDEN. Der DUDEN setzt, wie andere Wörterbücher auch, diese Regelung um.	Gegenwart
Schlägt man den aktuellen DUDEN auf, findet man erneut eine Fülle neuer Wörter, darunter viele Neuzugänge aus dem englischen Sprachraum. Die Gründe für den Wandel und die Erweiterung des Vokabulars liegen in der kulturellen Entwicklung, die sich im veränderten Wortbestand spiegelt.	Überleitung zu **Aspekt II:** **Gründe für Veränderungen**
Lasst mich das am Beispiel einiger neuer DUDEN-Einträge erläutern:	Leseransprache
Neue politische und gesellschaftliche Themen erzeugen neue Wörter. So führte die Migration der letzten Jahre zu Zusammensetzungen wie „Flüchtlingskrise" und „Willkommenskultur". Neologismen wie „Fake News" und „postfaktisch" machen auf einen problematischen Umgang mit der Wirklichkeit insbesondere in den neuen Medien aufmerksam.	gesellschaftliche Entwicklung
Die technologischen Entwicklungen beeinflussen das Vokabular, besonders die Digitalisierung und die Kommunikation über das Internet haben große Bedeutung.	technologische Entwicklung
Zum einen bilden sich Wörter für neue Dinge und Tätigkeiten wie „Selfiestick", „Emoji", „liken", „facebooken". Zum anderen findet das Englische als globale Sprache des Internets immer stärker Eingang in den Sprachgebrauch.	eigene Überlegung
Die Mode trägt ebenfalls neue Wörter bei, sowohl die sprachliche Mode als auch die Mode im engeren Sinne. Modisch ist es, ein Gleichgewicht von Arbeit und Freizeit als „Work-Life-Balance" zu bezeichnen. Bei Wörtern wie „Hoodie" für einen Kapuzenpulli und „Jumpsuit" für einen Einteiler prägen sprachliche und textile Mode gemeinsam neue Wörter.	Entwicklungen in der Mode
Auch Änderungen in der Jugendkultur und in der Jugend- und Umgangssprache fördern den Sprachwandel. Wörter wie „verpeilen" und „rumeiern" stehen nun auch im DUDEN.	Umgangs-/Jugendsprache

Dass im gelben Klassiker nun Wörter wie „runterwürgen“ oder „Ramschniveau“ neben altehrwürdigen Wörtern wie „verspeisen“ oder „Aktienkurs“ zu finden sind, hängt auch damit zusammen, dass der DUDEN den tatsächlichen Sprachgebrauch sachlich abbilden will. Eigenmächtige Festlegungen, welche Wörter „gut“ und kulturell erwünscht sind, treten demgegenüber in den Hintergrund.

Überleitung zu **Aspekt III: Kulturelle Bedeutung** Sprach-Dokumentation

Grundlage für die Aufnahme neuer Wörter ist eine riesige elektronische Textsammlung der DUDEN-Redaktion, in die ganz verschiedene Textsorten Eingang finden – neben Zeitungsbeiträgen und Büchern z. B. auch Gebrauchsanleitungen. Was hier oft genug vorkommt, wird aufgenommen. Besondere Berücksichtigung finden Wörter, deren Schreibweise Probleme bereiten könnte. Es geht der DUDEN-Redaktion bewusst um eine Dokumentation des Wortschatzes. „Manche Nutzer glauben, dass es ein Wort nicht gibt, wenn es nicht im DUDEN steht“, sagt die Leiterin der DUDEN-Redaktion. So werden offenbar auch Wörter aufgenommen, die zurzeit relativ gehäuft vorkommen, deren weiteres Schicksal in der deutschen Sprache jedoch als ungewiss gelten kann, so z. B. „Hygge“ (aus dem Dänischen: Gemütlichkeit als Lebensprinzip).

systematische Erhebung des Wortschatzes als Grundlage

umfassende Dokumentation

Durch die systematische Auswertung einer riesigen Textsammlung wird der DUDEN also zum Spiegel der tatsächlichen Sprachentwicklung, die laut Bastian Sick etwas „unglaublich Demokratisches“ hat. Der Autor von Bestsellern über Sprachthemen weist in einem Interview anlässlich der neuesten DUDEN-Ausgabe 2017 darauf hin, dass alle Sprachnutzer entscheiden, welche Wörter verwendet und verbreitet werden.

Sprecher entscheiden über Vokabular/ Worteinträge

Bei erwachsenen Nutzern des DUDEN ist hingegen offenbar oft noch die Annahme verbreitet, man solle eher nur solchen Wörtern die DUDEN-Ehre erweisen, die zur Hochsprache gehören oder voraussichtlich eine hohe Lebenserwartung haben. Nach einer Umfrage des Marktforschungsinstituts YouGov unter 1000 Befragten ab 18 Jahren fanden z. B. weniger als ein Drittel die Aufnahme von Wörtern wie „Honk“, „Social Bot“ oder „Hygge“ in die neue DUDEN-Ausgabe gerechtfertigt.

DUDEN-Image als Wächter über „guten“ Wortschatz und Hochsprache

Wir werden das Schicksal dieser Wörter in weiteren Auflagen des gelben Wörterbuchs verfolgen können. Ob sie verschwinden oder aber als Denkmäler der späten 2010er-Jahre oder sogar als lebendige Wörter überdauern werden – wer weiß das?

Schluss Leseransprache Ausblick

9 Siehe Lösung zu Aufgabe 8.

10 Siehe Lösung zu Aufgabe 8.

2.5 Fünfter Schritt: Den eigenen Text überarbeiten

→ S. 25

1 **a** Zutreffend sind: a, b („eher für Schwachsinn halten“), d (die Aufzählung aller Wörter aus der Umfrage ist für die zusammenfassende Auswertung nicht erforderlich), e („Befragten meinen, dass folgende Wörter zu Recht in den Duden aufgenommen wurden“ – M3).

b Individuelle Lösung

2 Individuelle Lösung

3 Individuelle Lösung

3 Materialgestütztes Verfassen eines informierenden argumentativen Textes

3.1 Erster Schritt: Die Aufgabenstellung verstehen

→ S. 30

1 a **Anlass und Ziel:** zum ersten Mal Schülerinnen und Schüler mit Behinderung aufgenommen, über diskriminierungsfreien Sprachgebrauch im Hinblick auf Menschen mit Behinderung zu informieren
Thema: Inklusion, diskriminierungsfreien Sprachgebrauch im Hinblick auf Menschen mit Behinderung
Textsorte: Informationsbroschüre
Adressaten: Mitschülerinnen und Mitschüler

b – Sprachentwicklung Ursachen beschreiben
– Beispiele für Notwendigkeit argumentieren
– Schwierigkeiten erläutern

2 In den vorwiegend argumentierenden Teil gehören Argumente und Beispiele für die Notwendigkeit eines diskriminierungsfreien Sprachgebrauchs in Bezug auf Menschen mit Behinderung. In den vorwiegend informierenden Teil gehören die Ausführungen zur Entwicklung des Begriffs „Menschen mit Behinderung“ sowie die Erläuterung möglicher Schwierigkeiten beim Finden diskriminierungsfreier Begriffe.

3 Mögliche Lösung:

a – evtl. Verunsicherung, weil die Mitschülerinnen und Mitschüler wenig Erfahrung mit Menschen mit Behinderung haben / nicht wissen, wie sie mit den neuen Schülerinnen und Schülern umgehen bzw. sprechen sollen
– evtl. Freude darauf, die neuen Mitschülerinnen und Mitschüler an der eigenen Schule begrüßen zu dürfen
– evtl. Angst davor, etwas falsch zu machen
– evtl. bisher gar keine Bedeutung, weil sie noch gar nicht über die neue Situation nachgedacht haben

b – Die neuen Schülerinnen und Schüler sollen sich an der neuen Schule gut aufgenommen fühlen.
– Man möchte verhindern, dass die neuen Schülerinnen und Schüler sprachlich diskriminiert werden.
– Die neuen Schülerinnen und Schüler sollen nicht durch unbedachte Äußerungen verunsichert werden.

c – Informationen zur Sprachentwicklung sind wichtig, weil sie zeigen, dass bestimmte Begriffe zwar früher üblich waren, heute aber als diskriminierend abgelehnt werden.
– Informationen zur Sprachentwicklung sind interessant, weil sie über die negativen Assoziationen informieren, die mit bestimmten Begriffen verbunden sind
– Mögliche Schwierigkeiten beim Finden geeigneter diskriminierungsfreier Begriffe sind wichtig, weil auch die Mitschülerinnen und Mitschüler auf diese Schwierigkeiten stoßen werden.
– Mögliche Schwierigkeiten beim Finden geeigneter diskriminierungsfreier Begriffe sind interessant, weil sie die Kehrseite eines übertriebenen politisch korrekten Sprachgebrauchs beleuchten.

3.2 Zweiter Schritt: Erstes Textverständnis und Ideen formulieren

→ S. 31

1 Mögliche Einträge:
Arten von Behinderungen: körperliche/kognitive/psychische Beeinträchtigung
Inklusion: Einbeziehung aller, auch behinderter Menschen, Gleichberechtigung, Selbstbestimmung
Ziel: Menschen nicht aufgrund bestimmter Merkmale (z. B. Behinderung) sprachlich diskriminieren
Kritik: keine Veränderung der sozialen Wirklichkeit, zu ungenaue Begriffe, Euphemismen

2 – Sprachentwicklung und deren Ursachen: M4
– Argumente und Beispiele für die Notwendigkeit diskriminierungsfreien Sprachgebrauchs: M 1, 2, 3, 4, 5
– mögliche Schwierigkeiten beim Finden geeigneter diskriminierungsfreier Begriffe: M 1, 4, 5

3.3 Dritter Schritt: Die Materialien gezielt lesen

→ S. 32

2

	ursprüngliche Bezeichnung	Anlass der Veränderung	neue Bezeichnung
vor dem Ersten Weltkrieg	„Krüppel“, „Blöde“, „Siechen“	Viele Soldaten wurden während des Krieges verstümmelt.	„Kriegskrüppel“
nach dem Ersten Weltkrieg	„Kriegskrüppel“	Initiative einer ersten Selbsthilfegruppe	„Körperbehinderte“, „Behinderte“, in Ämtern und Behörden nach wie vor „Krüppel“
während des Dritten Reichs	„Körperbehinderte“, „Behinderte“, in Ämtern und Behörden nach wie vor „Krüppel“	Abmilderung der Begrifflichkeit wegen Unverzichtbarkeit der „Arbeitsreserve“, Begründung für die Euthanasie	„behindert“ „unverbesserliches Menschenmaterial“
von den 1950er-Jahren bis heute	„behindert“	zunehmende Integration	„körperbehindert“ „Menschen mit Behinderung“

Fazit – Intention der heute gebräuchlichen Bezeichnung „Mensch mit Behinderung“:
Der Mensch steht im Vordergrund, nicht seine Behinderung. Menschen sollen nicht auf ihre Behinderung reduziert werden.

→ S. 33

3 Die Informationen zur Notwendigkeit diskriminierungsfreien Sprachgebrauchs in M1, M4 und M5 ergänzen sich / passen zusammen.
Die Tabelle M2 ergänzt die übrigen Materialien um zahlreiche konkrete Beispiele.
Das Plakat M3 illustriert/veranschaulicht die Absurdität einer ungeschickten/diskriminierenden Formulierung.
Die Informationen zu möglichen Schwierigkeiten in M1, M4 und M5 ergänzen sich.

4 Beispiel: Die Informationen zur Euphemismuskette von „negros“ zu „African-Americans“ in M5 sind für meinen Text nicht relevant, weil es in meinem Text nur um diskriminierungsfreien Sprachgebrauch im Hinblick auf Menschen mit Behinderung gehen soll.

5 Mögliche Lösung:
Argument 1: Bestimmte Ausdrücke lösen negative Assoziationen aus, werden genutzt als Schimpfwörter und sollten daher nicht mehr verwendet werden.
Beispiele: nicht „Spast“, sondern „Mensch mit Cerebralparese“; nicht „Wasserkopf“, sondern „Mensch mit Hydrocephalus“
Argument 2: Sprachgebrauch schafft eine Wirklichkeit.
Beispiele: Mensch ist nicht „an den Rollstuhl gefesselt“, sondern „im Rollstuhl unterwegs“. Er „leidet“ nicht an einer Behinderung, sondern „lebt“ mit der Behinderung.
Argument 3: Nicht die Behinderung, sondern der Mensch mit all seinen Eigenschaften und Bedürfnissen soll im Vordergrund stehen.
Beispiele: „Mensch mit Behinderung“ statt „Behinderter“, „Mensch mit Lernschwierigkeiten“ statt „geistig Behinderter“, „Mensch mit Assistenzbedarf“ statt „Pflegefall“ usw.

→ S. 34

6

Schwierigkeiten	Beispiele aus den Materialien
Beschönigende Begriffe sind ungenau bzw. unzutreffend.	„besondere Bedürfnisse“ verschleiern, dass die Bedürfnisse aller Menschen vielfältig sind. (M1) „Mensch mit Handicap“ macht nicht deutlich, dass der Mensch auch durch seine Umwelt behindert wird. (M1)
Bildung von Euphemismusketten wegen der Abnutzung von Wörtern	„schwer erziehbare Kinder“ → „verhaltensgestörte Kinder“ → „verhaltensauffällige Kinder“ → „verhaltensoriginelle Kinder“ (eher positiv besetzter Begriff) (M5)
keine Sprachökonomie (sprachlich sperrige Begriffe)	„Förderschule mit Schwerpunkt geistige Entwicklung“ statt „Sonderschule“ (M4)

3.4 Vierter Schritt: Den Schreibplan erstellen und schreiben

→ S. 35 bis 36

1 **a** Einteilung des Hauptteils in 3 Abschnitte (3 Aspekte, siehe Lösung zu Aufgabe 1b auf S. 30)

b Einleitung
- Hinführung zum Thema
- Absicht bzw. Ziele des Beitrags
- Vorstellung der Gliederung des Beitrags

Hauptteil
- sprachgeschichtlicher Wandel und dessen Ursachen
- Argumente für die Notwendigkeit eines diskriminierungsfreien Sprachgebrauchs
- Beispiele für die richtige Ansprache von Menschen mit Behinderung
- Schwierigkeiten beim Finden geeigneter diskriminierungsfreier Begriffe

Schluss
- abschließende Empfehlung oder Appell

2 **a–d**

Beispiellösung. Die Ausarbeitung geht über das in einer Klausur Mögliche hinaus.

Der Mensch steht im Mittelpunkt	**Überschrift**
Wir werden inklusiv! Ein großer und wichtiger Schritt, für den sich unsere Schule entschieden hat. Vielfältige Aufgaben und Herausforderungen kommen nun auf unsere Schulgemeinschaft zu. Zu einem respektvollen Miteinander gehört vor allem auch ein angemessener und menschlich würdevoller Sprachgebrauch. Dass ein Mensch eine Behinderung hat, ist eine Tatsache. Wie kann ich diese jedoch sprachlich angemessen bezeichnen, ohne dabei zu diskriminieren oder aber die Individualität eines jeden Menschen außer Acht zu lassen? Dieser Frage gehe ich in diesem Artikel zum Thema „Diskriminierungsfreier Sprachgebrauch im Hinblick auf Menschen mit Behinderung“ nach.	**Einleitung** Anlass Interesse wecken Thema
Begriffe unterliegen einem ständigen Wandel, und auch für den Begriff „behindert“ lässt sich eine sprachgeschichtliche Entwicklung zeigen. Zu Zeiten des deutschen Kaiserreiches gebräuchliche Bezeichnungen wie beispielsweise „Krüppel“ oder „Blöde“ wurden nach dem Ende des Ersten Weltkrieges auf Bestrebungen vieler betroffener Soldaten hinterfragt. Die Begriffe „Behinderte“ oder „Körperbehinderte“ sollten die alten diskriminierenden Bezeichnungen ersetzen. Allerdings dauerte es noch bis in die 1950er-Jahre hinein, bis das Wort „körperbehindert“ in den öffentlichen Sprachgebrauch Einzug hielt	**Aspekt I: Sprachgeschichtliche Entwicklung**
und erst in den späten 1960er-Jahren konnte sich der Begriff „behindert“ wirklich etablieren. Erst mit der gesellschaftlichen Offenheit und dem Willen, Menschen mit Behinderung vorurteilsfrei in die Gesellschaft zu integrieren, wandelte sich auch der Sprachgebrauch.	Zusammenhang Sprache – Denken – Wirklichkeit
Heute wird empfohlen, den Ausdruck „Mensch mit Behinderung“ zu verwenden, um eine Reduktion auf das Merkmal der Behinderung zu vermeiden. Darauf weist z. B. das Projekt „leidmedien.de“ hin, das anlässlich der Paralympics 2012 gegründet wurde.	Kernanliegen des diskriminierungsfreien Sprachgebrauchs
Für viele von euch ist ein diskriminierungsfreier Sprachgebrauch im Umgang mit Menschen, die eine Behinderung haben, vielleicht eine Selbstverständlichkeit. Dennoch haben wir alle die sprachlichen „Ausrutscher“ im Ohr, wenn unbedacht Mitschüler/-innen auf dem Schulhof anderen im Eifer des Gefechtes „Du Spast!“ hinterherrufen.	**Aspekt II: Notwendigkeit diskriminierungsfreien Sprachgebrauchs**
Dies zeigt, dass niemand davor gefeit ist, Menschen mit Behinderung unbeabsichtigt zu diskriminieren. In der erwähnten Situation wird das Wort „Spast“ als Beleidigung genutzt, und ein Mensch mit Behinderung könnte es in diesem Sinne auf sich beziehen. Eine diskriminierungsfreie Bezeichnung für einen Menschen mit der hier angesprochenen Behinderung wäre übrigens „Mensch mit Cerebralparese“, so das Projekt „leidmedien.de“.	Beispiel 1 Argument 1
Wir konstruieren mit jedem sprachlichen Ausdruck, den wir benutzen, eine Wirklichkeit. Wenn wir beispielsweise davon sprechen, dass ein Mensch „an den Rollstuhl gefesselt“ ist, betonen wir seine Unfreiheit. Besser wäre es zu sagen, dass jemand mit dem Rollstuhl fährt oder unterwegs ist, was positive Assoziationen weckt.	Argument 2 Beispiel 2

Überdies ist es von Bedeutung, dass wir Menschen mit Behinderung nicht auf das Merkmal der Behinderung reduzieren, indem die Rede von „den Behinderten" ist, die auf diese Weise zu einer homogenen Gruppe werden, obwohl es viele verschiedene Formen von Behinderungen gibt und die Behinderung eines Menschen natürlich nicht das einzige Merkmal ist, das ihn auszeichnet. Der individuelle Mensch soll im Mittelpunkt stehen und darum steht die Bezeichnung „Mensch mit Behinderung" für einen angemessenen und diskriminierungsfreien Sprachgebrauch.	Argument 3 Beispiel 3
Es gibt jedoch auch Schwierigkeiten in Bezug auf die berechtigten Forderungen, sprachliche Diskriminierung zu vermeiden. Bei dem Versuch, möglicherweise diskriminierende Begriffe zu umgehen, können zu unscharfe Begriffe entstehen, die wichtige Informationen nicht mehr enthalten. So lässt z. B. der Ausdruck „Mensch mit Handicap" nicht mehr die Deutung zu, dass der Mensch auch durch seine Umwelt behindert wird. Der Begriff „Mensch mit besonderen Bedürfnissen" trägt nicht der Tatsache Rechnung, dass auch jeder andere Mensch besondere Bedürfnisse hat.	**Aspekt III: Schwierigkeiten** zu unscharfe Begriffe Beispiele
Eng mit dem Problem der Unschärfe verbunden ist die Schwierigkeit der Abnutzung. So wurden bei der Suche nach diskriminierungsfreien Bezeichnungen aus „schwer erziehbaren Kindern" „verhaltensgestörte Kinder", dann „verhaltensauffällige" und schließlich „verhaltensoriginelle Kinder". Die Sprachwissenschaftlerin Iris Forster spricht hier von „Euphemismenketten". Trotz des Versuches, jede negative Bewertung auszuschließen, übertragen sich die negativen Konnotationen jeweils auf die neue Bezeichnung.	Abnutzung von Begriffen Beispiel
Hinzu kommt, dass bei dem Versuch, diskriminierungsfreie Formulierungen zu finden, manchmal sperrige Bezeichnungen entstehen, die dann wenig Chancen haben, sich in der alltäglichen Umgangssprache ganz durchzusetzen. Dies ist z. B. der Fall, wenn aus der „Sonderschule" eine „Förderschule mit Schwerpunkt geistige Entwicklung" wird.	fehlende Sprachökonomie Beispiel
Perfekte Bezeichnungen, die nicht ausgrenzen, aber auch nicht ins Nichtssagende oder übermäßig Umständliche ausweichen, sind sicher manchmal schwer zu finden. Und von keiner Schülerin und von keinem Schüler wird in dieser Hinsicht sprachliche Perfektion erwartet. Letztlich bleibt der Wille entscheidend, Menschen auch sprachlich respektvoll zu behandeln und einen bewussten und reflektierten Sprachgebrauch zu pflegen.	**Schluss** Fazit
Am besten fragt ihr bei euren zukünftigen Mitschülerinnen und Mitschülern einfach nach, welche Bezeichnungen sie in Ordnung finden, denn so aufgeschlossen und kontaktfreudig begrüßt man neue Gesichter an unserer Schule.	Appell

3.5 Fünfter Schritt: Den eigenen Text überarbeiten

→ S. 37

1 **a** Die folgenden Fehler wurden gemacht:
- Der Text ist nicht an allen Stellen sachlich formuliert:
  total negativ besetzt, ... die echt nicht in Ordnung sind
- Der Text ist nicht mit eigenen Worten formuliert:
  Als „politically correct" und damit wünschenswert wird eine Sprachverwendung [...], bei der die Sprecher einen aktuellen Sprachgebrauch
- Der Text ist nicht an allen Stellen für die Mitschülerinnen und Mitschüler verständlich:
  tituliert, auf Grundlage bestimmter Normen, in anderen Kontexten
- Die Informationsquelle wird nicht kurz vorgestellt: laut leidmedien.de

b Individuelle Lösung

3 Individuelle Lösung

Autoren- und Quellenverzeichnis

S. 6: Duden-Neuauflage: „Willkommenskultur“ landet im Duden. Aus:
http://www.zeit.de/kultur/2017-08/neuauflage-duden-neue-woerter-postfaktisch-fluechtlingskrise

S. 9: Sprachwandel in Berufsbezeichnungen. Quelle der Zahlen:
http://www.linguistik-online.de/18_04/ladstaetter.html

S. 11: Zitate a und b aus: Dieter E. Zimmer: Sprache in Zeiten ihrer Unverbesserlichkeit. Hamburg 2005. S. 106–107 (teils leicht gekürzt).
Zitat c: Markus Reiter: Die Phrasendrescher. Gütersloh 2007. S. 88 f.

S. 12: Verlag streicht „Neger“ und „Zigeuner“ aus Kinderbuch. Aus:
http://www.focus.de/kultur/buecher/ottfried-preusslers-kleine-hexe-verlag-streicht-neger-und-zigeuner-aus-kinderbuch_aid_892351.html

S. 12: Dieter E. Zimmer: Deutsch und anders – die Sprache im Modernisierungsfieber. Aus:
Reinbek bei Hamburg 1998. S. 151 und 178

S. 13: Martin Halters Sprachkritik. Aus:
http://www.badische-zeitung.de/halters-sprachkritik/das-letzte-wort-liebe-mitgliederinnen--58793759.html

S. 14: Lügenpresse, Tablet, futschikato – Der Duden wächst um 5 000 Wörter. Aus:
http://www.spiegel.de/lebenundlernen/schule/duden-bekommt-5000-neue-woerter-luegenpresse-tablet-futschikato-a-1161669.html

S. 15: Weder Fortschritt noch Verfall – Bastian Sick im Gespräch mit Liane von Billerbeck. Aus:
http://www.deutschlandfunkkultur.de/anglizismen-im-neuen-duden-weder-fortschritt-noch-verfall.1008.de.html?dram:article_id=393041

S. 16: Konrad Duden: Ein Lehrer regelte die Rechtschreibung. Aus:
https://www.abendblatt.de/kultur-live/article108067990/Konrad-Duden-Ein-Lehrer-regelte-die-Rechtschreibung.html

S. 17: Anne Schneemelcher: 27 Jahre nach Wiedervereinigung – Weiß der „Wessi“, was ein Broiler ist? Aus:
http://www.mz-web.de/panorama/27-jahre-nach-wiedervereinigung-weiss-der--wessi---was-ein-broiler-ist--22950446

S. 26: Begriffe über Behinderung von A bis Z. Aus:
http://leidmedien.de/begriffe/

S. 27: Formulierungshilfen zum sprachlichen Umgang mit behinderten Menschen. Aus:
http://leidmedien.de/wp-content/uploads/2016/07/Leidfaden2016.pdf

S. 28: Monique de Cleur: Vom „Krüppel“ zum „Mensch mit Behinderung“. Aus:
https://www.waz.de/region/rhein-und-ruhr/vom-krueppel-zum-mensch-mit-behinderung-id4380363.html

S. 29: Iris Forster: Political Correctness / Politische Korrektheit. Aus:
http://www.bpb.de/politik/grundfragen/sprache-und-politik/42730/politische-korrektheit?p=all

Bildquellenverzeichnis

S. 6 oben, 14: © 2017 Bibliographisches Institut (Duden), Berlin; **S. 16 oben:** Statista 2017; **S. 16 unten:** © Bibliographisches Institut GmbH, 2017; **S. 27:** Leidmedien.de der SOZIALHELDEN; **S. 28:** © Andi Weiland, Gesellschaftsbilder.de der SOZIALHELDEN

Redaktion: Stefan Windte
Illustration: Bianca Schaalburg (S. 9)
Umschlaggestaltung: Studio SYBERG, Berlin (Foto: © Gina Sanders – Fotolia.com)
Layout und technische Umsetzung: lernsatz.de

www.cornelsen.de

Dieses Werk berücksichtigt die Regeln der reformierten Rechtschreibung und Zeichensetzung.

1. Auflage, 1. Druck 2018

Druck: AZ Druck und Datentechnik GmbH, Kempten

ISBN 978-3-06-200236-6

PEFC
PEFC/04-31-2260

PEFC zertifiziert
Dieses Produkt stammt aus nachhaltig bewirtschafteten Wäldern und kontrollierten Quellen.
www.pefc.de